Natural Pairing

내추럴 페어링

장보현 · 김진호 지음 | 김은성 감수

계절을 담은 제철 요리와 내추럴 와인 페어링

처음 접한 내추럴 와인은, '이 술이 정말 와인이 맞나?' 싶을 정도의 충격을 안겨 주었습니다. 기성 와인이 맞춤 정장을 입은 말끔한 사람이라면, 내추럴 와인은 '내추럴'한 모습 그 자체로 매력적인 사람에 비유할 수 있을까요.

내추럴 와인의 사전적 의미는 요약하자면, '어떤 것도 추가하지 않으며 어떤 것도 빼지 않은 천연 와인'입니다. 철저하게 자연의 컨디션과 생산자의 열정에 의존해 탄생하는 와인이기에 보다 계획적으로 성형되고 정형화되는 기존의 와인과 비교하자면 꽤 다이나믹한 개성을 지닐 수밖에 없습니다. 이는 와인 마니아 사이에서 호불호가 갈리는 큰 요인이 되기도 하지요.

내추럴 와인은 와인의 한 장르나 트렌드로 해석될 수도 있지만 실은 자연과 환경, 우리의 식문화에 대한 가치관까지 수렴하는 어떤 의식적 흐름이라고 여겨집니다. 자연 그대로의 맛과 멋을 최대한 원형 그대로 나누는 일에 우리는 더 많은 생각과 노력을 기울여야 합니다.

재미있는 이야기들이 많지만 이쯤에서 우선 내추럴 와인 한 잔을 직접 맛보시라 권하고 싶습니다. 내추럴 와인의 풍미를 돋워 줄 최상의 페어링으로 '제철 요리'를 함께한다면 퍽 바람직한 한 상이 되리라 생각합니다.

오랜 시간 한식 문화와 요리에 흥미를 느끼고 고심해온 장보현 작가님의 계절을 그대로 머금은 듯한 제철 요리 레시피와, 이에 더할 나위 없이 어울리는 내추럴 와인을 엄선해 담았습니다. 보는 것만으로도 충분히 시각적 미감을 충족시켜주는 김진호 작가님의 사진과 내추럴 와인을 오랫동안 즐기고 다뤄오신 뱅베Vin V 김은성 대표님의 페어링 감수를 더했습니다.

내추럴 와인의 매력을 보다 많은 분들과 나누고 싶은 바람으로 기획되었지만 일반 와인은 물론, 막걸리 같은 우리술에도 멋지게 페어링될 수 있는 레시피입니다. 아름다운 시절의 맛과 멋을 담은 〈내추럴 페어링〉을 소개할 수 있어 기쁩니다.

편집자 드림

Don't Bother Me

저를 있는 그대로 내버려 두세요

내추럴 와인 생산자들의 자유분방하고
개성 넘치는 라이프스타일과
지속 가능한 철학에 마음을 빼앗겼던 순간이
엊그제처럼 생생하다.

우리의 여정은 포토그래퍼인 남편이 내추럴 와인 수입사 뱅베Vin.V의 유럽 출장에 동행하면서부터 시작되었다. 북부를 제외한 프랑스 전역의 내추럴 와인 산지와 와인 생산자들의 모습을 사진으로 기록하기 위해서였다.

당시만 해도 내추럴 와인은 베일에 싸인 존재였다. 소비자가 쉽사리 구할 수 없는 것은 물론, 마셔 본 사람을 만난 적도 없었으니까. 와인 수입사조차 내추럴 와인을 들여오는 일이 쉽지 않다고 했다. 현지 와인 생산자들의 전화와 이메일은 먹통이 되기 일쑤인데다, 어떤 생산자는 전자 기기조차 사용하지 않기 때문이다.

결국 프랑스 전역의 드넓은 땅을 달려 구불구불한 들판과 구릉지를 지나, 중세 성과 고택, 아름드리 나무들이 즐비한 청정 지역에 당도하여 내추럴 와인 생산자를 직접 만나야 계약이 성사되는 것이었다!

한편, 생산자와 충분한 교류 없이 사업만을 목적으로 접근했다가 빈손으로 돌아가는 일도 비일비재했다. 내추럴 와인이 무엇이었던가. 지속 가능한 농법으로 수확한 포도에 어떤 것도 가감하지 않고 자연 그대로의 방식으로 발효를 거친 와인이다. 그렇다면 내추럴 와인을 만드는 이들은 누구일까? 그들은 팔기 위한 와인을 만들지 않는다. 자연이 빚어낸 경이로운 탁월함을 좇는 사람들이다.

남편은 그들과 함께 보낸 나날을 마치 르네상스의 시인이 소네트를 노래하듯 상기된 어조로 밝고 경쾌하게 들려주곤 했다. 르 쁘띠 지미오Le Petit Gimios 농장의 천 년 넘은 포도나무, 황홀한 허브의 향기가 부드러운 기포를 타고 흘러넘치던 부아홍Voiron의 내추럴 맥주, 쿰쿰한 효모 입자로 가득했던 지하 저장고의 아늑함, 우연히 찍은 레만 호수의 사진을 라벨로 사용하는 댓가로 와인 12병을 선물로 건네주던 보르도의 루이Louis Perot, 대구 스테이크를 부드러운 푸딩처럼 요리해주던 루아르의 호비노Jean Pierre Robinot 등.

아직 내추럴 와인을 접하기 전이었던 나는 그 이야기에 좀처럼 귀 기울이지 못했다. 경험치가 부재한 탓에 공감대가 부족한 것도 사실이었다. "내추럴 와인이 무슨 대수라고!" 파리의 숙소 앞 마르쉐에서 30유로 남짓한 샤블리 와인을 장바구니에 넣으며 남편에게 내던진 말이다. 부르고뉴로 떠나기 이틀 전, 내추럴 와인의 속살을 들여다보기 직전이었다.

이튿날, 디종 역에서 빌린 밴에 몸을 싣고 부르고뉴의 광활한 대지를 달리자 알 수 없는 안도감이 몸을 감쌌다. 축축하게 젖은 플라타너스 잎사귀 틈으로 신비로운 향취가 코끝을 적시던 만추의 계절이었다. 완만한 경사를 그리며 나지막하게 드리운 구릉지 사이로 비옥한 풍경이 쏟아져 내렸다. 가을걷이가 끝난 텅 빈 포도밭을 선회하는 바람은 노랗게 물든 포도 잎사귀를 춤추게 했다. 흐르는 대지의 풍광은 단 하나의 채도도 겹치지 않을 온갖 색을 머금고 깊어만 갔으며, 신화 속에 존재해오던 바쿠스의 전설이 어디선가 불현듯 튀어나올 것만 같았다.

공감각을 상실한 채 태양의 질감도 바람의 향기도 낯선 길을 따라 도착한 곳은 부르고뉴의 숨은 진주라 불리는 생 오방Saint-Aubin의 도미니크 드랭Dominique Derain의 양조장이었다. 그는 60대에 접어들었음에도 건장한 체구를 유지하며 은회색이 뒤엉킨 풍성한 머리칼을 흩날리는, 때로 수위 높은 농담을 아무렇지도 않게 던질 줄 아는 '그리스인 조르바'에 가까운 인물이었다.

모든 것이 생경했지만 유리창을 타고 부서지는 따사로운 가을볕 아래 고요한 평온이 감돌았다. 벽에 걸린 들풀 리스, 밑동에 멍이 들어 썩어가는 샛노란 모과의 짙은 향기, 식탁 위에 너부러진 와인 잔과 식기, 걸을 때마다 삐거덕 소리가 나는 마루 등 그 자리에 그저 자연스럽게 놓인 일상의 정령들 덕분이었을 것이다.

도미닉은 양조장의 시그니처 와인이라 할 수 있는 알레 구통Allez Goutons을 성큼 따라 주었다. 내추럴 와인과 처음으로 만나는 순간이었다. 시원했다. 퍽 차가운 것이 아니라, 잘 담근 동치미의 톡 쏘는 청량감이 밀려왔다. 발효의 미학에 자연스럽게 매료되는 것은 시간문제였다. 프루스트의 마들렌처럼 잊을 수 없는 공감각을 선사해주었던 내추럴 와인과의 짜릿했던 첫 만남을 뒤로, 샤슬레Chasselas의 필립 잠봉Phillippe Jambon을 찾았을 때는 해가 뉘엿해질 무렵이었다

필립은 왠지 칸트와 같은 철학자의 이미지를 물씬 풍겼는데, 마치 오랜 이웃을 대하듯 동양에서 온 이방인을 몸소 반겨 주었다. 돌로 지은 오래된 집 한편에 마련된 저장고에서 자연의 와인이 끊임없이 흘러나왔다. 발효 중인 오크통에서 갓 따라낸 와인을 마시자 막걸리의 향수가 밀려왔다. 시시때때로 움직이며 맛과 향을 증폭시키는, 살아 있는 맛이었다. 어둠이 내린 뒤 마을을 배회하고 집으로 돌아온 필립의 고양이는 발밑을 하염없이 맴돌며 온기를 나누어 주고 있었다.

다음날 방문한 피에르 오베르누아Pierre Overnoy의 집. 내추럴 와인에 여전히 무지했던 나는, 그가 내추럴 와인의 전설과 같은 존재인 줄은 꿈에도 모르고 있었다. 인터뷰 일정을 잡기 어려울 정도로 유명한 인물이었던 오베르누아의 응접실엔 이미 코펜하겐에서 온 젊은 기자 두 명이 대기하고 있었다.

서재에서 진행된 인터뷰의 열기가 무르익어 갈 무렵, 나는 식탁에 앉아 오래된 무쇠 화덕에서 타오르는 장작의 열기에 기대 무료함을 달래고 있었다. 주방은 고요하고 엄숙한 일상을 화폭에 녹인 베르메르의 회화처럼 고즈넉하게 빛났다. 창가에 흐트러진 서양배와 클레멘타인 따위의 제철 과일, 빵을 만들다 내버려 둔 새하얀 밀가루의 흔적, 화구 위에서 김을 뿜으며 끓고 있는 노란 주전자.

인터뷰가 끝나자 오베르누아는 내추럴 와인뿐 아니라 같은 효모로 빚은 내추럴 위스키와 빵을 건넸다. 나는 그때, 어렴풋이 느꼈다. 내추럴 와인은 단순히 술이 아니라 인생과 닮아 있다는 사실을. 자연과 호흡하며 스스로의 삶을 충직하게 돌본 돈독한 결과물이라는 것을.

나는 다시 일상으로 돌아왔고 우연한 여행을 통해 확장된 세계관에 방점을 찍을 수 있었다. 오래된 가치에 눈을 돌리기 시작한 것이다. 시간이 흐를수록 생기가 되살아나는 발효의 미학처럼 계절을 타고 흐르는 맛의 기억이 또렷하게 떠올랐다. 돌과 흙, 나무와 바람, 물의 숨결처럼 시시때때로 변화하며 살아 있는 생생한 움직임을, 보이지 않는 깊숙한 곳에서 꿈틀대는 미미하고도 강인한 생명력을.

어느 때보다 풍요로운 시대를 살고 있는 지금, 조금은 다른 이야기를 하려고 한다. 당도한 시절이 아니면 진정한 맛을 느끼지 못하는 제철 음식에 대한 소회다. 봄과 여름, 가을과 겨울 속에 깃든 절기 속에서 계절과 호흡하는 먹거리를 자연스레 찾는다.

시절의 선물을 일상에 녹이는 가장 좋은 방법은 제철 요리와 자연이 빚은 술을 식탁 위로 올리는 것이다. 이야말로 자연이 선물하는 최상의 페어링Natural Pairing이 아닐까.

봄에는 추위를 인내하고 돋아난 푸릇한 나물을 보듬으며 소생의 기쁨을 만끽한다. 싱그러운 녹음이 우거진 여름날엔 지천에 널린 상큼한 과일과 입을 맞추고, 향기로운 가을엔 풍요로운 햇것들로 살을 찌운다. 겨울은 앞선 계절에 갈무리해둔 저장식을 소진하며 잠시 웅크리는 시기다. 겨울의 끝은 봄의 시작과 맞닿아 있다. 그리고 계절은 끊임없이 순환한다.

이따금 포도밭이 끝없이 펼쳐진 황금의 언덕을 따라 비옥한 대지를 밟았던 나날을 떠올린다. 살갗에 닿은 포근한 효모 입자가 여전히 주변을 맴도는 것만 같다. 아늑한 향기가 언제고 씻겨 내려가지 않았으면 하는 바람이다.

장보현

차 례

Winter

겨울의 맛을 듬뿍 담은 한 그릇

긴 계절, 입맛을 돋우는 별미

추위를 이겨낼 든든한 한 끼

Spring

봄, 계절 본연의 맛을 담은 한 그릇

입맛 돋우는 풍미 가득 일품 요리

간단하지만 품위 있는 한 끼

차 례

Summer

일러두기

본문의 식재료 계량은 아래의 기준으로 표기하였습니다.

1. 1큰술, 2큰술 등의 숟가락 계량은 계량스푼이 아닌 밥숟가락 기준입니다.
2. 1큰술 = 10g = 10ml

본문의 내추럴 와인 페어링 정보는 아래와 같이 정리하였습니다.

1. 와인 이름, 생산 연도, 생산자 순으로 표기하였습니다.
2. NV는 Non Vintage라는 뜻입니다.
3. 일부 와인명은 외래어 표기법이 아닌 검색 가능한 이름으로 표기하였습니다.

Autumn ●

가을, 풍요로운 계절의 맛 ●

영양 가득 든든한 가을 보양식 ●

풍부한 향취를 머금은 특별식 ●

Winter

한 해의 순환은 겨울과 맞닿아 있다. 계절의 흐름을 따라 각자의 관성을 매듭지으며 새로운 시절을 맞이하려는 애틋한 마음 또한 깃든다. 어느 날, 새하얀 눈으로 뒤덮인 겨울의 세계는 채워 나가기만 했던 일상의 부피에 공백을 드리운다.

하지만 추위에 지친 몸과 마음은 동토처럼 굳어 있는 듯하다. 농경 활동은 휴지기에 접어드는 까닭에 계절의 정취는 원초적인 풍요와 멀어져 간다. 그 간극을 좁히기 위해 겨울의 문턱에선 월동 준비로 분주하다. 가을걷이가 끝나고 거두어들인 먹거리를 마당 한구석에 차곡차곡 쌓는다. 영하 언저리를 맴도는 기온과 건조한 대기가 빚어낸 환경은 거대한 자연의 냉장고와 다름없다. 건조한 곡식, 말린 채소, 구황 작물 따위가 겨울의 기후 속에서 흐트러짐 없이 원형을 유지한다.

따사로운 남녘에서 올라오는 적황색 과일과 땅 아래 양분을 가득 머금은 뿌리채소는 겨울철에만 맛볼 수 있는 보석이다. 차가운 바다에서 몸집을 두텁게 불린 달콤한 해산물도 빼놓을 수 없다.

겨울철엔 으레 로스딸 구필L'OSTAL Goupil 와인을 꺼낸다. 중세 시대 목판화 기법으로 각인된 라벨이 목가적인 향수를 자극한다. 자두 향이 풍겨 오는 맑은 물결을 따라 습기를 머금은 짚더미와 아무렇게나 뒤섞인 나뭇가지가 아른거린다. 서리가 내린 이끼 사이로 목초의 향기 또한 밀려온다. 마구간 사이로 흐르는 정제되지 않은 냄새다. 코와 혀끝에 닿은 향취가 퍽 낯설지만 새롭지도 않다. 공감각 속에 이미 내재된 원초적인 향수와 맞닿아 있는 것이다. 잃어버린 세계에 대한 동경과 희망이 차갑게 내려앉은 공기 틈으로 샘솟기 시작한다.

대지를 향해 드리운 태양의 꼬리가 새삼 길어지기 시작하면 숨죽여 있던 스산한 풍경 틈으로 작은 속삭임이 들린다. 귀가 간지럽다. 봄이 오려나 보다.

겨울의 맛을 듬뿍 담은 한 그릇

“

뭇사람의 취향이 쌓여 맛의 궁합이 이루어진 것 속엔 어떤 리듬이 깃들어 있다.
차가운 겨울 바다에서 풍만하게 살이 오른 삼치와, 남녘 해안의 바닷바람을 맞고
노랗게 물든 울퉁불퉁한 유자가 만나 기분 좋은 리듬을 튕긴다.
삼치를 감싸고 도는 은빛 비늘은 차갑게 서린 겨울 하늘을 닮았다.

”

페타치즈와 꿀을 곁들인 늙은 호박 오븐 구이

우엉 잡채

참깨 닭안심 튀김

바지락 찜

파래 새우전

생강채와 유자청을 곁들인 삼치 구이

#1

페타치즈와 꿀을 곁들인 늙은 호박 오븐 구이

입동을 기점으로 마당엔 자연의 저장고가 가동된다. 대부분 먹어 없어지지만, 한 겨울까지 방치된 어떤 것들은 영하의 추위 속에 꽁꽁 얼어붙기도 한다. 무심코 호박을 방치했다 속까지 얼어붙어 통째로 버려야 했던 기억이 있다. 그 뒤 어지간하면 해를 넘기지 않고 호박을 가른다.

커다란 호박을 쪼개는 날이면, 이웃에게 자연스레 안부를 건넨다. 서로 나눠야 할 만큼 넉넉한 양이 나오기 때문이다. 호박 한 통은 따끈한 죽이 되고 시원한 수정과가 되며 구수한 전과 포슬포슬한 설기로 태어난다. 말갛게 솟은 해처럼 붉게 빛나는 호박 잔치에 겨울 추위로 지친 몸과 마음이 되살아난다. 늙은 호박은 이웃과 이웃, 나아가 마음과 마음을 연결하는 대지의 심장과도 같다.

재료(한 접시 분량)
늙은 호박 200g
올리브유 적당량
호박씨 적당량
꿀 적당량
페타치즈 적당량

1 늙은 호박은 껍질과 씨앗을 제거한 후 속은 먹기 좋은 크기로 자른다.
2 호박씨는 흐르는 물에 불순물을 깨끗이 정리한 뒤 180도로 예열한 오븐에서 15-20분 구워 껍질을 깐다.
3 볼에 늙은 호박을 옮겨 담고 올리브유로 버무린다.
4 오븐 팬에 쿠킹 페이퍼를 깔고 3의 호박을 올린다.
5 180도로 예열한 오븐에 4의 내용물을 넣고 20-30분 굽는다.
6 그릇에 구운 호박을 옮겨 담고 손으로 조각낸 페타치즈를 곁들인다.
7 호박씨와 꿀을 뿌려 완성한다.

Pairing

꼬메트 2015 Comete 2015, **레스티냑** Lestignac

레스티냑의 〈꼬메트〉는 루아르 지역의 소비뇽 블랑 품종으로 만든 화이트 와인이다. 당도와 산도의 조화가 완벽한 와인으로 숙성된 과실의 풍미가 일품이다. 늙은 호박의 눅진한 풍미와 결이 비슷하면서도 여운을 남기는 페어링이 될 것이다.

#2

우엉 잡채

겨울철 땅속엔 달콤한 물결이 흐른다. 시커멓고 굵다란 뿌리를 내리는 우엉은 촉촉하고 따스한 땅내를 오롯이 품고 있다. 거친 듯하지만 되새길수록 고소한 우엉 뿌리를 질겅거리며 풍요로운 대지의 향기를 곱씹는다.

재료(한 접시 분량)
우엉 50g
당면 50g
간장 3큰술
설탕 2큰술
참기름 1큰술
청주 1큰술
다진 마늘 1큰술
꿀 1큰술
식초 1큰술
식용유 적당량
토핑용 통깨, 잣 적당량

1 우엉은 껍질을 벗겨 씻은 다음 채칼로 길게 속을 파낸 뒤, 식초를 희석한 물에 30분 이상 담가 두었다가 찬물에 헹군다.
2 끓는 물에 1의 우엉을 넣고 2-3분 데친 후 채반에 받쳐 물기를 뺀다.
3 당면은 차가운 물에 30분 이상 불렸다가 끓는 물에서 약 5분간 삶아 건진다.
4 중불로 달군 팬에 간장과 설탕, 청주와 다진 마늘을 넣고 한풀 끓인다.
5 4의 팬에 우엉과 당면을 넣고 조림장이 자작해질 때까지 볶는다. 불을 끈 뒤, 꿀과 참기름을 두르고 팬의 잔열로 내용물을 섞는다.
6 오목한 그릇에 우엉 잡채를 옮겨 담고 깨와 잣을 올려 완성한다.

Pairing

펩스! 2015 Peps! 2015, 르 브히소 Le Briseau

갖은 양념으로 물든 입맛을 되돌리기에 펫낫만 한 것이 없다. 〈펩스!〉는 루아르 지역의 클레레트Clairette 품종의 화이트 펫낫이다. 사과, 레몬의 과실 향과 파삭거리는 기포감으로 어떤 요리와도 잘 어울리며, 특히 다양한 식재료가 어우러진 잡채와 훌륭한 페어링을 자아낸다.

#3

참깨 닭안심 튀김

고소한 맛과 향기를 지닌 깨는 한국의 전통적인 향신료로 한식 전방위에 쓰인다. 보통 볶은 깨를 솔솔 뿌려 음식의 감칠맛을 끌어올리지만 튀김 요리에 깨를 활용하면 고소함이 배가 된다. 흔히 쓰는 표현 중에 '깨가 쏟아진다'라는 말이 있다. 몹시 아기자기하고 재미가 나는 모양새를 일컫는 관용어다. 참깨 닭안심 튀김을 한 입 베어 물면 '입안에서 깨가 쏟아진다'는 관용어의 참뜻을 알게 될 것이다.

재료(2인분)
닭고기 안심 300g
청주 약간
소금, 후추 적당량
튀김 가루 50g
물 70ml
참깨 2큰술
검은깨 2큰술

고추장 소스
고추장 4큰술
고춧가루 1큰술
간장 1큰술
물 1큰술
매실청 1큰술
설탕 1큰술
다진 마늘 1작은술
굴소스 1작은술

1 닭안심에 소금과 후추를 뿌린 뒤 청주를 뿌려 마리네이드한다.
2 튀김 가루에 물을 넣고 반죽한 뒤 참깨와 검은깨를 넣고 섞는다.
3 2의 튀김 반죽에 1의 닭안심을 넣고 섞는다.
4 180도로 예열한 튀김 솥에서 반죽 옷을 입은 닭안심의 겉이 짙은 갈색을 띨 때까지 튀긴 후 키친타월에 얹어 기름을 뺀다.
5 소스팬에 고추장 소스 재료를 모두 넣고 중불에서 한풀 끓인다.
6 그릇에 참깨 닭안심 튀김을 놓고 고추장 소스를 곁들여 완성한다.

⊕ Pairing

샴페인 NV Champagne NV, 엘레마흐 호비옹 Elemart Robion
튀김 요리엔 단연코 샴페인이다. 특히 엘레마흐 호비용의 〈샴페인〉은 기포감이 단단하며 집중도가 좋기 때문에 고소한 닭튀김과 섞여도 이질감이 없다. 특히 참깨의 풍미는 샴페인 특유의 고소한 효모의 뉘앙스와 만나 환상적인 페어링을 펼친다.

STAUB
STAUB

#4

바지락 찜

찬바람이 맨살에 부닥칠 즈음이면 따스한 바다 향이 그리워진다. 청량한 겨울, 뜨겁게 달군 팬 위로 미끈하게 빛나는 바다를 삼켜 몸을 데운다. 겨울이 깊어지기 전, 몸과 마음을 돌보기 위한 일상의 사소한 의식이다.

1 바지락은 소금물에 충분히 해감한 뒤, 흐르는 물에 깨끗이 씻어 준비한다.
2 팬에 올리브유를 넉넉히 두르고 편으로 썬 마늘과 페페론치노를 넣어 중불에서 볶는다.
3 2의 팬을 강불로 올린 뒤 바지락을 붓는다.
4 바지락이 입을 벌리기 시작하면 화이트 와인을 붓고 뚜껑을 덮는다.
5 국물이 자작해지면 타임, 파슬리 등의 허브를 다져 넣고 골고루 섞는다.
6 후추를 뿌려 마무리한다.

재료(2-3인분)
바지락 600g
굵은 소금 적당량
화이트 와인 100ml
마늘 4-5톨
타임 또는 파슬리 한 줌
페페론치노 적당량
후추 적당량
올리브유 적당량

Pairing

고르다 블랑카 2018 Gorda Blanca 2018, 루이 앙투안 루이 Louis-Antoine Luyt
특유의 훈연 향과 향긋한 꽃, 시트러스 풍미가 오묘하게 겹친 매력적인 와인이다. 산미 또한 훌륭해 쫄깃한 바지락 살을 조화롭게 아우른다.

#5

파래 새우전

파래를 기름에 구우면 구수한 바다의 향기가 솔솔 올라온다. 달콤하기까지 하다. 푸릇한 파래가 탐스럽게 엉킨 걸 보아하니 겨울이 깊어진 듯하다.

1 파래는 흐르는 물에 깨끗이 헹궈 물기를 짜 낸다.
2 볼에 파래를 담고 가위로 잘라준 뒤, 부침 가루를 뿌려 서로 치댄다.
3 반죽에 찰기가 생기면 손질한 새우를 가운데 넣고 동그랗게 빚는다.
4 중불로 달군 팬에 기름을 넉넉히 두르고 파래 새우 반죽을 올리고 앞뒤로 노릇하게 부쳐 낸다.

재료(한 접시 분량)
파래 적당량
부침 가루 적당량
새우 적당량

Pairing

샤흐트뢰즈 NV Biere Vivante Chartreuse NV, 부아홍 Brasserie des Voirons

바다의 향기를 품은 파래와 새우가 고소한 기름을 품고 뜨겁게 빚어진다. 여기에 부아홍의 맥주 〈샤흐트뢰즈〉를 곁들이면 하루의 피로가 말끔히 사라진다. 쌉싸래한 맥주의 뒷맛이 파래 새우전을 재촉할 것이다.

#6

생강채와 유자청을 곁들인 삼치 구이

뭇사람의 취향이 쌓여 맛의 궁합이 이루어진 것 속엔 어떤 리듬이 깃들어 있다. 차가운 겨울 바다에서 풍만하게 살이 오른 삼치와, 남녘 해안의 바닷바람을 맞고 노랗게 물든 울퉁불퉁한 유자가 만나 기분 좋은 리듬을 튕긴다. 삼치를 감싸고 도는 은빛 비늘은 차갑게 서린 겨울 하늘을 닮았다. 유자의 고운 빛깔과 산뜻한 향기는 멀찌감치 다가오고 있을 봄을 연상케 한다. 담백한 생선 살을 파고드는 유자와 생강의 알싸하며 향긋한 여운이 혀끝에 맴돈다.

재료(한 접시 분량)
삼치 필레 150g
생강 10g

유자청 간장소스
간장 2큰술
물 2큰술
유자청 2큰술
청주 2큰술
다진 마늘 1작은술
설탕 1작은술
소금, 후추 약간씩

1 삼치는 뼈와 내장을 제거하고 필레(살코기)로 손질한 뒤 소금으로 밑간을 한다.
2 삼치 껍질에 칼집을 내어 180도로 예열한 오븐에 약 10분간 굽는다. 이때 껍질이 윗면을 향하도록 놓는다.
3 소스팬에 유자청 간장소스 재료를 넣고 중불에서 한풀 끓인다.
4 그릇에 소스를 넉넉히 바르고 구운 삼치를 올린다.
5 채 썬 생강과 유자 껍질을 토핑해 완성한다.

⊕ Pairing

뮈스카 밤뷸! 2018 Muskat Bambule! 2018, **유디트 벡** Judith Beck

상큼한 유자와 맵싸한 생강이 어우러진 매력적인 요리에 오렌지 와인을 추천한다. 열대 과일과 오렌지의 풍미는 유자와 조화를 이루며, 거대한 호수를 낀 오스트리아의 노이지들러Neusiedler 토양에서 나오는 미네랄감은 생강채와 삼치의 풍미를 이끌어 낸다. 균형 잡힌 산미는 생선 특유의 바다 향을 중화시킨다.

긴 계절, 입맛을 돋우는 별미

“

다시 돌아온 겨울, 고소한 단맛을 잊지 못하고 토종 서리태를 한 아름 쟁인다.
솜털이 보송한 껍질 사이로 덜 여문 검은콩이 달콤한 풋내를 풍겨 온다.
부드러운 치즈와 곁들이니 고소함이 배가 된다.
월동 준비는 늘 설레는 마음으로 가득하다. 소생을 위한 움츠림이니까.

”

서리태 스프레드 부라타치즈

당근 라페 치아바타 샌드위치

마스카르포네치즈를 넣은 찐 고구마

콜리플라워 버터 구이

문어 세비체

트러플 오일 생연어 카르파초

생앙드레치즈 호두곶감말이

#7

서리태 스프레드 부라타치즈

서리가 내리기 시작할 무렵이면 집 안은 월동 준비로 어수선하다. 곳간엔 탐스러운 먹거리가 쌓여만 가고, 나는 그 틈바구니에서 분주하게 움직인다. 깨끗이 씻어 볕에 말릴 것, 서늘한 곳에 저장할 것, 줄기째 벽에 매달 것, 즙을 내어 병에 담아 숙성할 것 등 겨우살이 장만으로 쉴 틈이 없다.

서리가 내릴 때 영근다 하여 서리태라 불리는 검은콩은 흑진주의 영롱함을 닮았다. 새까만 껍질 속에 웅크린 속살은 은은한 초록빛을 띠고 있는 까닭에 '속청'이라고도 불린다.

다시 돌아온 겨울, 고소한 단맛을 잊지 못하고 토종 서리태를 한 아름 쟁인다. 솜털이 보송한 껍질 사이로 덜 여문 검은콩이 달콤한 풋내를 풍겨 온다. 부드러운 치즈와 곁들이니 고소함이 배가 된다. 월동 준비는 늘 설레는 마음으로 가득하다. 소생을 위한 움츠림이니까.

재료(한 접시 분량)
서리태 100g
꿀 2큰술
올리브유 2큰술
소금 적당량
레몬즙 적당량
부라타치즈 100g
곁들일 식사빵 적당량

1 서리태는 차가운 물에 담가 반나절 이상 불린다.
2 불린 서리태를 끓는 물에서 10-15분 삶는다.
3 삶은 서리태는 채반에 받쳐 물기를 뺀다.
4 장식용으로 사용할 서리태를 적당량 덜어 둔 뒤, 콩 껍질을 제거하고 푸드 프로세서에 넣어 다진다.
5 4를 볼에 옮겨 담고, 올리브유와 꿀, 소금과 레몬즙을 넣고 섞는다.
6 접시에 5의 스프레드를 깔고 그 위로 부라타치즈를 올린다. 이때 껍질을 제거하지 않은 서리태를 치즈 둘레로 플레이팅한다.
7 치즈 위로 올리브유를 뿌리고 허브와 꽃 등으로 장식한다.
8 부라타치즈와 서리태 스프레드는 섞어서 빵에 곁들여 먹는다.

Pairing

사바냥 엉 정시야드 2019 Savagnin En Jensillard 2019, 마흔 블랑슈 Domaine des Marnes Blanches

서리태의 고소함과 부라타치즈의 부드러움이 만나 색다른 맛을 펼친다. 여기에 견과류 뉘앙스의 화이트 와인을 곁들여 입안에 겉도는 잔류감을 말끔히 지울 수 있다. 〈사바냥 엉 정시야드〉는 쥐라Jura 특유의 미네랄과 고소한 풍미, 짜릿한 산미가 살아 있어 훌륭한 페어링이 된다. 서리태와 치즈의 고소함이 느끼함으로 산화되기 전에 말이다!

#8

당근 라페 치아바타 샌드위치

가을의 끝자락을 타고 달콤한 겨울의 향기가 밀려온다. 남녘의 섬나라, 제주에서 올라온 감귤과 당근 따위다. 주홍빛은 매서운 겨울 추위를 훈훈하게 감싼다. 축축한 땅 아래에서 수분을 넉넉히 머금은 달큼한 당근과 상큼한 과즙이 톡톡 터지는 귤의 조화가 싱그럽다. 푸른 제주의 풍경이 절로 떠오르는 맛이다.

재료(1-2인분)
당근 100g
건포도 5g
치아바타 한 덩이
슬라이스 햄 2-3장
슬라이스 치즈 2장
귤즙 2큰술
꿀 1큰술
올리브유 1작은술
참깨 1작은술
차이브 2줄기
소금, 후추 적당량

1 건포도는 뜨거운 물에 담가 10분 이상 불린 뒤, 물기를 제거한다.
2 당근은 채칼을 사용해 얇게 채 친다.
3 볼을 준비하고, 채 썬 당근과 건포도, 귤즙, 올리브유, 꿀, 참깨, 다진 차이브를 넣고 섞는다. 이때 소금과 후추로 간을 맞춘다.
4 치아바타를 반으로 갈라 180도로 예열한 오븐에서 살짝 데운다.
5 적당히 식힌 빵 사이에 치즈, 햄, 당근 라페를 쌓아 샌드위치를 완성한다.

Pairing

데인저 380 볼츠 2019 Danger 380 volts 2019, 밀란 네스타레츠 Milan Nestarec
산미가 돋보이는 톡 쏘는 기포감의 〈데인저 380 볼츠〉는 라페의 상큼한 식감을 한층 돋보이게 한다. 체코에서 생산되는 화이트 펫낫으로 라벨에 그려진 번개처럼 그 맛 또한 짜릿하다. 화려한 기포감에도 불구하고 목넘김마저 좋아 샌드위치와 잘 어울린다.

#9

마스카르포네치즈를 넣은 찐 고구마

첫눈이 내렸고 빛과 그림자의 명암은 짙어만 간다. 하룻밤 사이 사멸의 기운이 내려앉은 시커먼 산을 바라보며 달콤한 꿀과 뜨거운 김을 찾아 헤맨다. 뜨겁게, 더 뜨겁게 달군 고구마 한입에 겨울의 피로가 눈 녹듯 사라진다.

1 찜솥에 고구마를 넣고 충분히 찐다.
2 고구마 반을 갈라 3-4cm 두께로 가장자리를 유지하며 가운데 속을 파낸다.
3 파낸 고구마를 으깨 마스카르포네치즈와 섞는다(고구마와 치즈의 비율은 2:1로 한다). 이때 소금으로 간을 맞춘다.
4 고구마 속에 꿀을 적당량 뿌리고 3의 무스를 채운다.
5 180도로 예열한 오븐에 넣고 3-4분 데운다.
6 으깬 호두와 파슬리 가루를 뿌려 마무리한다.

재료(한 접시 분량)
고구마 2개
마스카르포네치즈-적당량
호두, 소금, 꿀 적당량
파슬리 약간

Pairing

게뷔르츠트라미너 2019 Gewurztraminer 2019, 갱글링거 Jean Ginglinger

신선한 마스카르포네치즈와 으깬 고구마, 고운 시나몬 가루가 뒤섞여 풍족한 맛을 선사한다. 여기에 <게뷔르츠트라미너>를 더하면 내추럴 와인과 사랑에 빠지게 될 것이다. 특유의 스파이시한 풍미는 시나몬의 향을 끌어올리며 달콤한 꿀의 뉘앙스는 고구마의 달콤한 맛을 조화롭게 아우른다.

#10

콜리플라워 버터 구이

찬바람을 맞으며 새하얀 꽃송이를 틔우는 콜리플라워는 일상에서 접할 수 있는 대표적인 프랙탈 도형이다. 프랙탈이란 스스로 닮음을 반복하는 것으로 '자기 유사성'과 '자기 순환성'이 특징이다. 콜리플라워를 자르고 또 잘라도 결국 같은 모양을 띠게 된다는 얘기다. 꽃 한 다발 속에 심오한 우주가 담겨 있다니 버터를 머금고 촉촉하게 구운 콜리플라워의 부드러운 단맛처럼, 이 세계도 달콤하고 유연하게 흘러갔으면.

1 콜리플라워는 흐르는 물에 깨끗이 씻은 뒤, 조각내어 편으로 썬다.
2 실온에 녹인 버터에 다진 마늘과 설탕, 소금과 파슬리를 넣고 섞는다.
3 오븐용 트레이에 올리브유를 뿌리고 콜리플라워를 올린 뒤, 2의 버터를 바른다.
4 180도로 예열한 오븐에 5-8분 굽는다.
5 구운 콜리플라워를 접시에 옮겨 담고 칠리 파우더와 후추를 뿌려 마무리한다.

재료(한 접시 분량)
콜리플라워 250g

버터 양념
버터 30g
다진 마늘 2큰술
설탕 1작은술
소금, 후추 적당량
파슬리 가루 적당량
칠리 파우더 적당량
올리브유 적당량

Pairing

보니씨마 2019 Bonissima 2019, 몬테시싸 에밀리오 Montesissa Emilio
구운 콜리플라워의 촉촉한 식감에 버터를 가미해 보다 부드러운 요리가 된다. 여기에 약간의 상큼함을 보태면 완벽할 것이다. 〈보니씨마〉는 오렌지 스타일의 펫낫으로 감귤류의 풍미가 인상적이다. 특히 버터가 듬뿍 들어간 요리와 대조를 이루며 자연스러운 페어링을 이끈다.

#11

문어 세비체

끓는 물에 데쳐 초장에 찍어 먹는 문어숙회는 겨울철 별미다. 동해안을 따라 건져 올린 매끈한 문어는 경상도 지방의 식탁을 수놓곤 했다. 경상도가 고향인 나는 제수상과 잔칫상에 빠지지 않고 올라왔던 문어의 달큼한 비린내를 잘 알고 있다.

산도가 높은 소스에 해산물을 절여 먹는 세비체는 페루 음식이다. 지구 반대편의 맛은 늘 미지의 영역으로 남아 있었으나 남편이 때마침 페루 리마의 한 호텔 레스토랑에서 세비체의 맛을 경험하고 돌아온 터다. 맛의 크로스오버가 펼치는 시너지는 언제나 유쾌하다. 열린 감각은 일상의 식탁을 풍요롭게 한다.

재료(한 접시 분량)

문어숙회 150g
다시마 3-4조각
레몬 1/4개
청주 4큰술

방울토마토 20g
셀러리 20g
파프리카 20g
적양파 20g

라임즙(1/2개 분량)
올리브유 4큰술
청포도 식초 4큰술
(화이트 와인 식초로 대체 가능)
꿀 2큰술
소금 1작은술
다진 마늘 1/2작은술

토핑용 허브(민트 계열)
라임 제스트 약간

준비 과정

1 문어숙회는 3-5mm 두께로 얇게 썬다.
2 다시마는 흐르는 물에 씻고 레몬은 슬라이스한다.
3 조리용 트레이너나 쟁반에 문어를 펼치듯 담고 청주를 붓는다. 청주에 잠긴 문어 위로 다시마와 레몬을 덮어 냉장고에서 1시간 이상 숙성한다.

세비체 소스

1 방울토마토, 셀러리, 파프리카, 적양파를 잘게 다져 볼에 담는다.
2 1에 올리브유와 청포도 식초, 라임즙, 다진 마늘, 꿀과 소금을 넣고 골고루 섞는다.
3 문어숙회를 냉장고에서 꺼내 다시마와 레몬을 걷어 낸다.
4 오목한 그릇을 준비하고 문어를 겹쳐가며 플레이팅한다.
5 2의 건더기를 문어 플레이팅 중앙에 쌓아 올리고 소스를 자작하게 두른다.
6 라임 제스트와 허브를 올려 완성한다.

Pairing

브이와이 2018 VY 2018, 파르티다 크레우스 Partida Creus

〈브이와이〉는 스페인에서 생산되는 올드바인old vine 의 빈야터vinyater 품종의 화이트 와인이다. 요리와 와인의 무게감이 비슷하여 궁합이 좋으며 세비체의 산미가 와인이 지닌 짜릿한 산도와 만나 감칠맛을 펼친다.

트러플 오일 생연어 카르파초

대서양 연안에서 갓 잡아 올린 신선한 연어를 머나먼 동방의 여느 집 식탁에 올리기까지의 시간은 사흘을 넘지 않는다. 어업의 발달로 제철을 가리지 않고 연중 양식 연어를 소비하는 시대다. 일정한 온도 유지가 중요한 유통 과정에서, 겨울 날씨는 안성맞춤이다. 북반구 전체가 자연의 냉장고가 되기 때문이다. 신선함을 가득 품고 식탁에 오른 생연어는 고유의 맛을 살리기 위해 조리 과정을 최소화한다. 연어와 가장 잘 어울리는 허브인 딜, 연어 지방질의 비린내를 상쇄시켜 줄 트러플 버섯 향을 곁들여 차가운 북해의 정취를 만끽한다.

재료(한 접시 분량)
생연어 300g
레몬즙(1/2개 분량)
다진 마늘 2큰술
트러플 오일 적당량
트러플 오일 절임 적당량
소금, 후추 적당량
딜 한 줌
토핑용 레몬 제스트 약간

1. 플레이팅 접시에 다진 마늘을 깔고 레몬즙을 뿌린 후 먹기 좋은 크기로 자른 생연어를 올린다.
2. 소금과 후추로 취향껏 연어 밑간을 한 뒤, 트러플 오일을 뿌린다.
3. 생연어 위에 트러플 오일 절임을 적당량 토핑하고, 딜과 레몬 제스트를 뿌려 마무리한다.

Pairing

러브앤피프 2017 Love and Pif 2017, 얀 뒤리유 Yann Durieux

100% 알리고떼Aligoté 품종으로 만든 이 화이트 와인은 미세한 탄산이 감도는 미네랄 뉘앙스로 상큼한 시트러스와 화사한 꽃향기까지 아우르는 화려한 와인이다. 이는 트러플 오일의 풍미를 한층 돋보이게 할 뿐 아니라 연어의 감칠맛과도 조화를 이룬다.

#13

생앙드레치즈 호두곶감말이

곶감 속에선 아버지의 냄새가, 어머니의 향기가 난다. 맛을 곱씹을수록 할아버지와 할머니의 내음이 풍긴다. 얼굴도 이름도 모르는 할아버지의 아버지, 할머니의 할머니의 향수가 서린다.

재료(에피타이저용 3-4인분)
곶감 2개
생앙드레치즈 50g
통호두 2개

1 곶감은 꼭지를 떼고 측면에 칼집을 내어 얇게 편다. 과육 사이의 씨앗도 제거한다.
2 생앙드레치즈를 곶감 위로 얇게 펴 바르고, 호두를 얹어 돌돌 만다.
3 2의 곶감을 랩으로 감싼 뒤, 냉동실에서 10-20분간 차갑게 둔다.
4 곶감말이를 편으로 썰어 디저트 접시에 올린다.

Pairing

글뤽 2017 Gluck 2017, 베를리치 Weingut Werlitch

베를리치의 〈글뤽〉은 오스트리아에서 생산되는 오렌지 와인이다. 무르익은 북숭아와 열대 과일의 풍미가 돋보이며 스파이시하고 미네랄감이 좋다. 달콤한 곶감과 풍미 가득한 치즈의 맛을 아우르며 상쾌한 마무리를 짓는 기분 좋은 페어링이 될 것이다.

추위를 이겨낼 든든한 한 끼

"

갈비찜을 상에 올리자 김이 모락모락 피어난다.
탱글탱글한 고깃덩어리에 젓가락을 갖다 대자 솜사탕 풀어지듯
양념장 속으로 살결이 녹아내린다. 기름진 고소함이 온몸에 가득 퍼진다.
뜨겁게 달아오른 달콤한 밤 조림 한 조각에 야속하고 모진 추위가 대수롭지 않다.

"

유자 드레싱 배추 샐러드와 돼지고기 수육

귤 소스 돼지고기 육전

들깨 드레싱 연근 샐러드와 떡갈비

밤 조림 소갈비 찜

유자 간장을 곁들인 토시살 산적

섬초 퓌레를 곁들인 굴 찜

뿌리채소 양고기 스튜

#14

유자 드레싱 배추 샐러드와 돼지고기 수육

한국에는 김장 문화가 존재한다. 농번기가 끝나고 파종한 무와 배추를 거두어 소금에 절인 뒤 가을볕에 곱게 말린 고춧가루와 갖은양념을 섞어 버무리는 것이다. 김장이 끝나면 김치를 줄기째 찢어 푹 삶은 돼지고기와 곁들인다. 갓 담근 김치는 절인 배추에 양념이 겉돌고, 입안을 톡 쏘는 청량감도 없지만 시절을 막론하고 떠오르는 맛이다. 우리는 잘 담근 김치를 가리켜 '시원하다'라고 표현한다. 도무지 번역할 수 없는 '시원한 맛'은 발효의 미학을 품고 있다.
김장에 대한 오마주를 한 그릇에 담았다. 슴슴한 백김치가 연상되는 배추 샐러드에 수육을 곁들인다.

재료(한 접시 분량)
돼지고기 통목살 200g
다진 마늘 2큰술
청주 2큰술
배춧잎 2-3장
유자청 1큰술
올리브유 1큰술
레몬즙 1작은술
소금, 후추 적당량
토핑용 유자 껍질,
비트 조각 약간

1 돼지고기는 소금과 후추를 뿌리고 다진 마늘과 청주로 마리네이드한 뒤 냉장고에서 1시간 이상 숙성한다.
2 강불로 달군 무쇠솥에 1의 돼지고기를 올리고 겉면이 짙은 갈색을 띨 때까지 돌려가며 굽는다. 겉이 바싹하게 익으면 뚜껑을 덮고 중약불에서 20분, 약불에서 20분 익힌다.
3 배추와 비트는 흐르는 물에 깨끗이 씻어 물기를 제거하고 얇게 채 썬다.
4 배추를 볼에 옮겨 담고 유자청과 올리브유, 레몬즙, 소금을 넣고 버무린다.
5 완성된 수육을 한풀 식힌 뒤 0.5cm 두께로 썬다.
6 준비한 그릇 가운데에 4의 배추 샐러드를 소복이 쌓고 비트와 유자 껍질로 장식한 뒤 돼지고기를 둘러 완성한다.

Pairing

오 포흐트 2018 Eau-forte 2018, **장 클로드 라팔뤼** Jean-Claude Lapalu
유자의 상큼함과 부드러운 수육이 어우러진 요리에 산뜻한 과실 향과 기분 좋은 산미가 감도는 〈오 포흐트〉를 추천한다. 프랑스 보졸레 지역에서 나오는 가메Gamay 품종의 레드 와인으로 완벽한 무게감과 산미가 매력적이다.

#15

귤 소스 돼지고기 육전

겨울을 인내할 수 있는 까닭은 풋풋하며 상큼한 시트러스의 아로마가 가득 풍기는 계절이기 때문이다. 오돌토돌한 귤껍질을 쉴 새 없이 주무르는 통에 손끝이 노랗게 물들기도 한다.
귤 소스를 듬뿍 머금은 돼지고기 육전은 따스한 온기가 가득한 맛이다. 설레는 마음으로 새해를 그려 본다.

재료(한 접시 분량)
돼지고기 목살 1cm-두께로 저민 것 300g
청주 2큰술
다진 마늘 2큰술
소금, 후추 적당량
튀김 가루 50g
물 70ml

귤 소스
귤즙 100ml(2개 분량)
올리브유 1큰술
화이트 와인 식초 2큰술
꿀 3큰술
디종 머스터드 1작은술
소금과 후추 적당량
말린 생강 편 7-8조각

토핑용 귤, 제스트 약간

1 돼지고기에 소금과 후추를 뿌리고 청주와 다진 마늘로 마리네이드한 뒤 냉장고에서 1시간 이상 숙성한다.
2 소스팬에 귤 소스를 재료를 넣고 중약불에서 졸인다.
3 돼지고기에 튀김 반죽을 묻혀 넉넉히 기름을 두른 팬에서 튀기듯 굽는다.
4 접시에 돼지고기 육전을 올리고 고기 사이로 귤 소스를 부어 완성한다.
5 귤 과육, 귤 제스트를 등을 곁들인다.

Pairing

비앙케토 2019 Bianchetto 2019, 레 코스테 Le Coste
레몬, 오렌지, 모과 등의 과실 풍미로 가득한 〈비앙케토〉는 귤 소스와 이질감 없이 어울리며 깨끗한 산미는 기름진 육전의 맛을 시원하게 붙잡는다.

#16

들깨 드레싱 연근 샐러드와 떡갈비

밤사이 눈이 내린 뒤, 더할 나위 없이 깨끗한 빛이 쏟아졌다. 손끝으로 '툭' 건드리면 '쨍그랑' 소리를 내며 산산조각 나버릴 듯했다. 그 빛은 마치 투명한 미색을 띤 연근 속살 같았다. 무미無味한 연근은 갖은양념으로 빚은 떡갈비의 감칠맛을 묵묵히 끌어올린다. 연근을 씹을 때마다 눈 밟는 소리가 서걱서걱 들린다. 순백의 눈처럼 순수에 가까운 맛을 풍겨 온다.

재료(한 접시 분량)
소고기 갈비 300g
연근 100g

떡갈비 양념
간장 2큰술
설탕 2큰술
청주 1작은술
간 양파 10g
간 배 10g
다진 마늘 1작은술
생강가루 1작은술
참기름 1작은술
옥수수 전분 1큰술

들깨 드레싱
들깨 가루 4큰술
들기름 4큰술
꿀 2큰술
국간장 1큰술

1 떡갈비 양념 재료를 볼에 넣고 잘 섞는다. 소고기 갈비는 잘게 다진 뒤 떡갈비 양념에 골고루 버무려 동그랗게 빚는다.
2 연근은 껍질을 벗긴 뒤 약 1cm 두께로 잘라 찬물에 10분 정도 담가 두었다가 헹군다.
3 끓는 물에 2의 연근을 넣고 약 2-3분 데친 뒤 채반에 받쳐 물기를 뺀다.
4 소스볼에 들깨 드레싱 재료를 넣고 섞은 뒤, 연근을 넣어 골고루 버무린다.
5 강불로 달군 팬에 떡갈비를 얹어 앞뒤로 바짝 구운 뒤, 중불로 낮춰 속까지 충분히 익힌다.
6 접시에 떡갈비를 올리고 연근 샐러드를 곁들여 완성한다.

Pairing

르 조 후즈 2019 Le Jeau Rouge 2019, 줄리앙 델리우 Julien Delieu
〈르 조 후즈〉는 루아르에서 생산된 카베르네 프랑과 그롤로 품종이 블렌딩된 레드 와인이다. 중간 정도의 무게감과 부드러운 타닌감, 붉은 과실과 허브, 오크 향을 품고 있어 연근의 아삭한 식감과 떡갈비의 육즙을 아우른다.

#17

밤 조림 소갈비 찜

겨울이 깊어 갈수록 권태가 쌓인다. 추위를 다스리기 위해 든든한 보양식을 한 솥 끓인다. 장시간 정성스레 조리한 갈비찜을 올리기 위해 소반을 꺼낸다. 지난 가을 한철 꺼내 썼던 기억이 스치는데, 생각보다 깨끗하다. 상 위로 뽀얀 먼지가 내려앉지 못하도록 벽에 비스듬히 걸어 두는 지혜를 비로소 깨닫는다. 살며시 몸을 기울여 권태를 덜어낸다.
갈비찜을 상에 올리자 김이 모락모락 피어난다. 탱글탱글한 고깃덩어리에 젓가락을 갖다 대자 솜사탕 풀어지듯 앙념장 속으로 살결이 녹아내린다. 기름진 고소함이 온몸에 가득 퍼진다. 뜨겁게 달아오른 달콤한 밤 조림 한 조각에 야속하고 모진 추위가 대수롭지 않다.

재료(3 - 4인분)
소고기 갈비 600g
밤 10알
무 1/4 조각
토핑용 대추, 잣 약간

양념장
간장 50ml
청주 50ml
물 100ml
설탕 50g
사과즙 50ml
배즙 50ml
말린 생강 5g
태양초 고추 2개
후추 적당량

1 갈비는 차가운 물에 반나절 이상 담가 핏물을 충분히 뺀다.
2 끓는 물에 무를 썰어 넣고 갈비를 살짝 데쳐 불순물을 제거한다.
3 2의 갈비를 무쇠솥에 옮겨 담고 양념장을 한데 넣어 강불에서 끓인다.
4 조림장이 2/3 정도 졸아들면 냄비를 식혀 냉장고에 넣고 차갑게 굳힌다.
5 냄비를 꺼내 고체화된 기름을 걷어 내고 중약불에서 1시간 이상 졸인다.
6 껍질을 제거한 밤은 깨끗이 씻은 뒤 5의 냄비에 추가해 10 - 15분 끓인다.
7 완성된 갈비찜을 그릇에 옮겨 담고, 대추와 잣 등의 고명으로 장식한다.

Pairing

캄포렌쪼 2015 Camporenzo 2015, 몬테 달로라 Monte Dall'Ora

〈캄포렌쪼〉는 발폴리첼라Valpolicella 스타일로 과실의 단맛이 특징이다. 맑은 루비색을 띠며 붉은 과실 향과 향신료의 뉘앙스로 상큼한 산미와 부드러운 타닌감을 선사한다. 두터운 식감의 갈비찜과 균형 잡힌 페어링을 자아낸다.

#18

유자 간장을 곁들인 토시살 산적

겨울의 초입에서 연례 행사처럼 유자청을 담그곤 한다. 유자 향이 사방으로 퍼져 나가며 집 안 구석구석 화사한 공기가 내려앉는다. 손끝은 샛노란 빛과 상큼한 향으로 물들어 간다.
겨우내 꺼내 먹던 유자청이 바닥을 드러내기 시작했다는 것은 머지않아 봄이 도래한다는 뜻이다. 스산한 추위에 노랗게 부엌을 적시던 유자청을 바닥까지 긁어 겨울의 끝자락을 흘려보낸다. 소고기를 저며 소박한 양념에 굽는다. 유자청을 곁들여 투박한 맛을 달랜다. 음력 설이면 제수상에 오르던 소고기 산적의 슴슴한 정취가 떠오른다.

재료(2-3인분)
소고기 토시살 300g

유자 간장
간장 2큰술
설탕 1큰술
청주 1큰술
유자청 2큰술
다진 마늘 1큰술
생강가루 1작은술
소금, 후추 약간씩
참기름 적당량

토핑
쪽파 1쪽
유자청 속 유자 껍질-약간

1 1cm 두께의 토시살을 준비하고 앞뒤로 칼집을 내어 참기름으로 문질러가며 소금과 후추를 뿌린다.
2 1의 토시살을 유자 간장에 재운 뒤 냉장고에서 1시간 이상 숙성한다.
3 강불로 달군 팬에 2의 토시살을 앞뒤로 15-20초 굽는다.
4 토시살 산적을 그릇에 옮겨 담고 장식용으로 유자 껍질과 다진 쪽파를 얹어 완성한다.

Pairing

다미지아나 로사토 2018 Damigiana Rosato 2018, 라바스코 Rabasco
〈다미지아나 로사토〉는 이탈리아의 몬테풀치아노Montepulciano 품종으로 만든 로제 와인이다. 로제 와인이지만 레드 와인과도 가까워 섬세한 레드 와인을 선호하는 사람들에게 추천하기도 한다. 고운 타닌감이 소고기의 묵직함을 경쾌하게 뒷받침할 것이다.

#19

섬초 퓌레를 곁들인 굴 찜

겨울철 땅속엔 단맛이, 바닷속엔 청아한 향기가 숨어 있다. 남녘에서 일찌감치 올라온 달큰한 섬초 속으로 굴이 품은 아득한 바다 내음이 녹아든다. 부쩍 따사로워진 햇살에 일찌감치 봄맞이라도 해야 하는지 마음이 앞서지만, 엄연히 서린 겨울의 끝자락을 잘 보내야 할 것이다. 아쉽지 않을 만큼 눈발이 날리던 겨울이었다.

재료(한 접시 분량)
생굴 150g
섬초 100g
버터 10g
굴소스 1큰술
치킨 스톡 분말 1작은술
칠리 파우더 적당량
무 50g

1 섬초는 흐르는 물에 깨끗이 씻어 끓는 물에서 2-3분 삶아 건진다.
2 채반에 건져 물기를 뺀 섬초를 푸드 프로세서에 넣고 간다.
3 약불로 달군 소스팬에 2의 섬초 퓌레를 옮겨 담고 버터와 치킨 스톡, 굴소스를 넣고 뭉근히 끓인다.
4 찜솥에 채 썬 무를 넉넉히 깔고 소금물에 깨끗이 헹군 굴을 올려 약 5분간 익힌다.
5 볼에 섬초 퓌레를 담은 뒤 찐 굴을 올린다.
6 올리브유와 후추를 뿌려 완성한다.

Pairing

프렉트 2018 Frekt 2018, 라미디아 Lammidia
굴 요리의 전통적인 마리아주는 샤블리다. 라미디아의 〈프렉트〉는 샤블리만큼 산미가 좋으며 허브럴한 풍미 또한 매력적이다. 시금치 퓌레와 조화를 이루며 바다 내음 가득한 굴을 부드럽게 감싼다.

#20

뿌리채소 양고기 스튜

흙냄새 솔솔 이는 봄이 코앞이다. 아지랑이를 타고 실려 올 온갖 향취에 벌써부터 감각이 곤두선다. 완연한 봄이 오기 전, 저장고에 웅크리고 있던 채소며 과일을 꺼내 보듬는다. 고구마, 당근, 무 등의 뿌리채소와 사과와 배 따위의 과일이다. 속에 바람이 살며시 든 것과 겉이 마른 것 빼고는 제 모습을 올곧이 간직하고 있다. 스튜는 추위에 지친 몸과 마음을 녹이는 위로의 묘약이다. 한기를 피해 땅속 양분을 한껏 품은 뿌리채소와 두툼한 양고기를 뜨거운 솥에 끓인다. 부드럽게 익은 야채와 입에서 녹아내리는 고기의 육질이 발간 국물과 어우러진다. 스튜와 뒤섞인 와인은 산미를 자극한다.
겨울 푸성귀의 푸르름도 봄볕에 곧 바랠 것이다. 봄을 기다리는 마음이 간절한 만큼 겨울이 가는 것 또한 퍽 아쉽다. 계절의 뒤안길은 하냥 섭섭할 뿐이다.

재료(3-4인분)
양고기 300g
토마토 페이스트 200g
다진 마늘 1큰술
당근 1/2개
감자 1개
양파 1/2개
버터 적당량

방울토마토 6-7개
아스파라거스 3-4개
표고버섯 5-6개
소금, 후추 적당량
치킨 스톡 분말 2큰술
물 50ml
레드 와인 50ml
글레이즈드 발사믹 - 1작은술
월계수잎, 로즈메리 - 적당량

1 냄비를 약불에 예열한 뒤 버터를 녹인다.
2 다진 마늘을 버터에 볶다가 어슷썰기한 당근과 감자, 양파를 넣고 중불에서 익힌다.
3 방울토마토는 뜨거운 물에 데쳐 껍질을 제거하고 아스파라거스는 채칼로 껍질을 벗긴 뒤 토막낸다. 표고버섯은 3-4등분한다.
4 양고기에 소금과 후추로 밑간을 하고 4-5cm의 큐브 모양으로 썬다.
5 2의 냄비에 양고기를 넣고 겉면을 골고루 익힌 뒤 약불로 낮춰 뭉근히 끓여준다.
6 채수와 육즙으로 수분이 생기기 시작하면 토마토 페이스트를 넣고 끓인다.
7 6의 냄비에 물과 치킨 스톡, 와인과 글레이즈드 발사믹, 허브를 넣고 잘 섞은 뒤 중약불에서 10-15분 끓인다.
8 7의 냄비에 표고버섯, 방울토마토, 아스파라거스를 첨가하고 한풀 끓여 완성한다.

Pairing

카베르네 쇼비뇽 2005 Cabernet Sauvignon 2005, **쵸타** Cotar
슬로베니아에서 생산된 레드 와인이다. 2005년 빈티지는 숙성된 느낌이 아주 강하다. 특유의 발사믹한 산미가 부드럽게 잘 녹아 있으며 쇼비뇽 특유의 탄탄한 구조감 덕분에 양고기와도 잘 어울린다. 향긋한 허브의 풍미에 더해 시가와 낙엽의 중후한 향취로 섬세한 감칠맛을 선사할 것이다.

Spring

겨울의 끝자락에 잠들어 봄의 문턱에서 깨어난 아침이었다. 봄이 오는 소리가 어렴풋이 들리는 듯했다. 겨우내 숨죽여 있다 거짓말처럼 소생하는 만물의 아둔한 속삭임에 귓바퀴가 들썩인 것이다.

따사로운 봄이 내려앉은 빛의 조각을 따라 살림을 늘어놓는다. 무쇠솥과 팬, 도마, 대나무로 엮은 채반과 소반 따위다. 삶의 버팀목이 되어주는 사물을 어루만지며 일상의 안녕을 기원한다. 손때를 덧입고 반들반들하게 길들여진 세간살이는 파릇하게 돋아나는 봄나물처럼 새롭게 태어난다. 닳아서 뭉텅해진 목기는 마치 나무 화석처럼 빛난다.

그러는 사이 부엌은 동토를 뚫고 솟아오른 봄의 정령들로 생기를 띤다. 냉이며, 쑥, 달래 등 온갖 봄나물이 돌아온 계절을 우직하게 맞이한다. 봄의 전령사가 만물의 소생을 일깨운다. 식탁 위엔 푸름이 밀려온다. 파릇한 봄의 식탁은 고로쇠 수액처럼 달콤하고, 갓 돋아난 새순처럼 보드랍다.

마당에 나온 살림살이는 곧 제자리를 찾는다. 새롭게 태어난 무쇠 팬 위로 봄이 뜨겁게 부풀어 오른다. 소박한 봄의 식탁에 장 피에르 호비노Jean Pierre Robinot의 와인, 녹턴 피나우 다니스Nocturne Pineau d'Aunis를 곁들인다. 지난겨울, 루아르Loir에 있는 그의 양조장에 들렀을 때 건네받은 것이다. 코르크 마개를 열자 달콤하고 시원한 아지랑이가 새하얀 봄의 제전을 그린다. 봄날의 피로와 권태가 일찌감치 달아난 듯하다.

봄, 계절 본연의 맛을 담은 한 그릇

“

봄의 문턱에서 겨울과 봄의 정취가 한데 어우러진 봄동으로
겨우내 움츠려 있던 몸을 깨운다.
봄동 샐러드와 산딸기의 아로마가 봄꽃처럼 피어나는 상큼한 펫낫 한 잔을 곁들이면,
어느새 봄이 성큼 다가와 있다.

”

봄동 샐러드

새조개 새싹 샐러드

페타치즈로 속을 채운 대저 토마토

진달래화전과 쑥전

아스파라거스 오렌지 부라타치즈 샐러드

#1

봄동 샐러드

봄소식을 가장 먼저 알리는 채소는 겨울을 인내하고 땅 위로 봉긋이 피어오르는 봄동이다. 거칠고 푸른 겉 잎사귀에서 추위를 이겨낸 강인한 생명력을 엿볼 수 있다. 화사한 노란빛을 띤 속잎엔 고로쇠 수액처럼 달콤한 수분이 가득하다. 봄의 문턱에서 겨울과 봄의 정취가 한데 어우러진 봄동으로 겨우내 움츠려 있던 몸을 깨운다. 봄동 샐러드와 산딸기의 아로마가 봄꽃처럼 피어나는 상큼한 펫낫 한 잔을 곁들이면, 어느새 봄이 성큼 다가와 있다.

재료(3-4인분)
봄동 한 통

드레싱
달걀노른자 50g
(삶은 달걀의 노른자 3개 분량)
오이피클 30g
양파 30g
마요네즈 70g
홀그레인 머스터드 10g
꿀 15g
안초비 15g
레몬즙(1/8개 분량)

토핑
금귤 4-5개
적양파 1/8조각
그라노파다노치즈 10g

1 봄동은 흐르는 물에 깨끗이 씻어 물기를 제거한다.
2 오이피클과 양파는 잘게 다지고 달걀노른자는 곱게 으깬다.
3 볼에 드레싱 재료를 넣어 부드럽게 섞는다.
4 샐러드 접시에 봄동을 올리고 김장 속 버무리듯 잎 사이사이로 드레싱을 골고루 펴 바른다.
5 금귤을 깨끗이 씻은 뒤, 반을 갈라 씨앗을 빼고 슬라이스한다.
6 그라노파다노치즈는 성글게 으깨고, 적양파는 슬라이스한다.
7 드레싱을 펴 바른 봄동 위로 금귤과 그라노파다노치즈, 적양파를 토핑한다.

Pairing

보니씨마 2019 Bonissima 2019, 몬테시싸 에밀리오 Montesissa Emilio
몬테시싸 에밀리오는 이탈리아 북부 에밀리아 로마냐 주 서쪽에 위치한 내추럴 와이너리다. 〈보니씨마〉는 이른 봄, 오렌지 와인 원액의 잔당을 발효시켜 우아한 탄산을 만드는 것이 특징으로, 시트러스 풍미가 생생하게 살아 있는 오렌지 와인이자 펫낫이다. 가벼운 목넘김으로 봄동의 질긴 듯한 섬유질을 경쾌하게 감싸며 금귤과의 시너지가 돋보인다.

#2

새조개 새싹 샐러드

차가운 겨울 바다에서 통통하게 살이 오른 새조개는 바다의 맛을 오롯이 머금고 있다. 향긋하고 비릿하며, 달콤하다. 날것의 신선한 제철 식재료 만큼 훌륭한 요리는 없다.

1 새조개는 내장을 제거한 뒤 소금물에 한 번 헹군다.
2 새싹채소는 흐르는 물에 씻은 후 물기를 제거하고 드레싱에 버무린다.
3 둥근 접시 가운데 새조개를 빙 둘러 담고, 접시 가장자리에 새가 둥지를 틀듯 새싹채소로 새조개를 감싼다.
4 새싹채소에 드레싱을 뿌리고 새조개를 함께 곁들여 먹는다.

재료(한 접시 분량)
새조개 300g
새싹채소 50g

드레싱
올리브오일 10ml
레몬즙(1/8조각 분량)
소금, 후추 약간씩

Pairing

크레망 2016 Cremant 2016, 반바흐트 Domaine Bannwarth
피노블랑 100%의 레몬 시트러스 풍미가 돋보이는 산뜻한 〈크레망〉은 풍부한 기포로 새조개의 쫄깃한 식감과 조화를 이룬다.

#3

페타치즈로 속을 채운 대저 토마토

이탈리아에 '황소의 심장cuore di bue'이라 불리는 아름다운 토마토가 있다면, 부산 대저동에는 '짭짤이 토마토'가 있다. 낙동강 하류의 강물과 바닷물이 만나는 비옥한 퇴적층에서 미네랄과 염분을 머금고 옹골지게 영근 대저 토마토는 단맛과 짠맛이 어우러져 감칠맛을 선사한다. 겨울철 파종하고 생장하는 까닭에 한 손에 쏙 들어올 만큼 크기가 작으며 과육은 단단하다.
염소젖 또는 양젖으로 만든 순백의 페타는 소금물에서 숙성을 거치는 연성 치즈다. 바닷물의 짠기를 머금은 두 식재료가 만나 은은한 미풍이 불어오는 봄 바다를 속삭인다. 효모 향과 산미가 샘솟는 신선한 로제 와인 한 모금을 곁들이니 금세 침이 고인다.

재료(3~4인분)
대저 토마토 500g
(10개 분량)
페타치즈 200g
꿀 50g
트러플 페스토 15g
피스타치오 7~8알
바질 가루 1작은술

1 토마토는 꼭지 부분 아래로 1cm씩 도려낸다.
2 숟가락을 사용해 토마토 씨앗 위주로 속을 파낸다.
3 페타치즈는 작은 조각으로 으깬다.
4 손질한 토마토 속으로 꿀을 한 바퀴 돌려 넣고, 3의 페타치즈로 토마토 속을 가득 채운다.
5 봉긋이 쌓인 페타치즈 위로 트러플 페스토를 얹는다.
6 피스타치오를 잘게 조각내 토마토 위에 토핑한다.
7 바질 가루를 뿌려 완성한다.

Pairing

퀸테 상스 2005 Quinte Esscence 2005, **프랭크 파스칼** Frank Pascal
자연 그대로의 방식을 고수하는 프랭크 파스칼은 비료조차 사용하지 않는 지속 가능한 친환경 농법으로 양조 철학을 이어가고 있다. 〈퀸테 상스〉는 견과류의 고소한 풍미와 상큼한 산미가 돋보이는 내추럴 샴페인으로 상큼한 토마토와 치즈의 풍미를 완벽하게 아우른다.

진달래화전과 쑥전

뒷산에 흐드러진 진달래꽃에서 군내 나는 어린 시절 추억이 피어났다. 흙 냄새 풍기는 할아버지의 주안상이다. 내 고향 경상도 땅은 어딜 가나 작고 나지막한 산으로 둘러싸여 있다. 때로는 백두대간의 경계에 가로막힌 아득함. 아버지의 어머니, 내 할머니의 어머니, 그 어머니의 어머니는 경상도 땅에서 대지의 정령이 방생해놓은 봄나물을 공으로 뜯어와 부쳐서 상 위에 올렸다. 봄맞이에 들뜬 화려한 찬도 아니고 제철 음식을 탐하는 미식도 아니었다. 오롯한 봄을 담은 주안상에 할아버지는 마지못하는 척 술을 찾았다. 찹쌀 반죽을 기름에 구운 것 이상도 이하도 아닌, 소박한 안주였지만 술잔에서 풍기는 알싸한 누룩 향이 일렁이는 아지랑이를 타고 봄의 향연을 그렸다. 따스한 봄볕이 내려앉으면 흙내 그윽한 화전과 은은한 술 냄새가 그리워 잠도 안 온다.

진달래화전(한 접시 분량)
진달래꽃 10장
찹쌀가루 100g
물 60ml
소금 1/2작은술
꿀 약간

쑥전(한 접시 분량)
쑥 50g
찹쌀가루 25g
소금 1/4작은술

진달래화전

1 진달래꽃은 흐르는 물에 조심스레 씻어 물기를 털어낸다.
2 찹쌀가루에 소금과 물을 넣고 찰기로 뭉쳐진 덩어리 표면이 부드러워질 때까지 반죽한다.
3 반죽 20g씩을 떼어내 7-8cm 원 모양으로 납작하게 편다.
4 말랑말랑한 반죽 위로 진달래꽃을 얹고 손끝으로 살며시 눌러 붙인다.
5 약불로 달군 프라이팬에 기름을 두르고, 꽃이 위로 향하게 놓은 뒤 약 5분 동안 굽는다. 불을 끄고 화전을 뒤집어 팬의 여열로 반대 면을 익힌다.
6 그릇에 화전을 담고, 종지에 꿀을 덜어 화전과 함께 곁들인다.

쑥전

1 흐르는 물에 쑥을 씻어 채반에 받친다. 물기를 완전히 제거하지 않고 그대로 둔다.
2 믹싱 볼에 쑥을 담아 찹쌀가루와 소금을 뿌린 뒤 잘 버무린다.
3 약간의 찰기가 생기면 중불로 달군 팬에 기름을 넉넉히 두르고 반죽을 동그랗게 덜어 튀기듯 부친다. 앞뒤로 서너 번 뒤집으며 겉면이 바삭해질 때까지 굽는다.

Pairing

샤흐트뢰즈 NV Biere Vivante Chartreuse NV, 부아홍 Brasserie des Voirons
17가지의 다양한 허브를 첨가하여 오크통에서 1년 동안 숙성시킨 내추럴 맥주다. 내추럴 와인 생산자들이 자신의 와인과 맞바꿔 먹을 정도로 인기가 많다. 허브의 풍미가 좋아 은은한 쑥 향과 환상의 궁합을 자아낸다.

#5

아스파라거스 오렌지 부라타치즈 샐러드

'삼합'이라는 말이 있다. 세 가지가 잘 어울려 최상의 조합을 이룬 상태를 뜻하는 단어다. 으레 삭힌 홍어와 돼지고기를 묵은 김치에 싸 먹는 음식를 떠올리지만, 미각이 열린 세계에서 삼합은 늘 존재한다.
아스파라거스와 오렌지, 부라타치즈의 조합은 생소할 법도 하지만 환상의 궁합을 이룬다. 달콤한 봄을 머금은 아스파라거스와 상큼한 오렌지 과즙, 그리고 크림처럼 부드러운 부라타치즈를 모았더니 접시 위로 스트라빈스키의 <봄의 제전>이 흐른다. 나긋나긋하고 잔잔한 선율이 이 삼합의 요리와 퍽 어울리는 듯하다.

재료(한 접시 분량)
아스파라거스 4-5개
부라타치즈 80g
오렌지 1/2개
파르미지아노레지아노-치즈 적당량
올리브유, 후추, 소금-각 적당량

1 아스파라거스는 필러를 사용해 질긴 껍질 부분을 벗긴 뒤 끓는 물에 30초가량 데친다.
2 데친 아스파라거스를 찬물에 헹구고 4-5cm 길이로 자른다.
3 오렌지는 껍질을 벗기고 적당한 크기로 자른다.
4 접시 가운데 부라타치즈를 놓고, 둘레로 아스파라거스를 차곡차곡 쌓아 올린다.
5 오렌지 조각으로 아스파라거스 주위를 둘러싸듯 장식한다.
6 부라타치즈 위에 올리브유를 두르고 소금과 후추, 파르미지아노레지아노치즈를 토핑한다.

Pairing

칸첼리 비앙코 2018 Cancelli Bianco 2018, 라바스코 Rabasco
시트러스의 풍미가 살아 있는 가벼운 바디감의 이탈리아 화이트 와인이다. 파삭거리는 산미가 돋보여 아삭한 식감의 아스파라거스와 상큼한 오렌지를 곁들인 가벼운 샐러드와 궁합이 좋다.

입맛 돋우는 풍미 가득 일품 요리

“

달래 뿌리가 깊고도 탐스럽게 얽힌 것을 보아하니 봄이 오긴 왔나 싶다.
프랑스 쥐라 지역에서 끌어낼 수 있는 최상의 맛을 지닌 라 뚜레즈의 붉은 와인으로 목을 축이니,
투박한 요리와 세련된 와인의 조화가 미각을 새삼 일깨운다.
봄처럼 상큼한 금귤 향이 혀끝에 남았다.

”

생참기름 드레싱의 달래 샐러드와 아롱사태 수육

김 페스토 주꾸미 숙회

풋마늘 닭다리살 구이

허브 간장소스 도미 구이

참나물 페스토 가자미 구이

참나물 페스토 가자미알 파스타

생참기름 드레싱의 달래 샐러드와 아롱사태 수육

아롱사태는 조각난 단면의 마블링이 눈에 '아롱아롱'거린다 하여 붙여진 이름이다. 두툼한 덩어리의 사태는 원초적인 미각을 자극하는 투박한 식재료다. 질긴 힘줄과 육즙을 가득 머금은 고기 조각 사이로 씹을수록 고소한 고유의 맛이 풍긴다. 아롱사태가 봄의 달래와 만나면 한결 정제된 맛을 선사한다. 진득한 육향이 코끝을 자극하는 알싸한 달래 뿌리를 파고든다. 달래 뿌리가 깊고도 탐스럽게 얽힌 것을 보아하니 봄이 오긴 왔나 싶다. 프랑스 쥐라 지역에서 끌어낼 수 있는 최상의 맛을 지닌 라 뚜레즈의 붉은 와인으로 목을 축이니, 투박한 요리와 세련된 와인의 조화가 미각을 새삼 일깨운다. 봄처럼 상큼한 금귤 향이 혀끝에 남았다.

재료(2인분)
소고기 아롱사태 400g
청주 50ml
다진 마늘 50g
후추 약간

생참기름 드레싱
생참기름 20ml
꿀 5g
소금 1/2작은술
다진 마늘 1/2작은술
레몬 1/4개
달래 80g
금귤 3-4개

토핑
깨 1작은술
금귤 제스트 약간

아롱사태 수육

1 청주를 끼얹은 아롱사태에 다진 마늘과 후추를 골고루 묻힌 뒤 냉장고에서 한 시간 이상 재운다.
2 강불에 달군 무쇠솥에 아롱사태를 올리고, 겉면이 노릇해질 때까지 돌려가며 굽는다.
3 뚜껑을 덮고 중불에서 10분 가량 익힌다. 아롱사태가 골고루 익도록 뚜껑을 열고 서너 번 뒤집어준다.
4 뚜껑을 덮고 약불에서 30분 정도 뭉근히 익힌다. 아롱사태를 꺼내 실온에서 한풀 식힌 후 0.2-0.3cm 두께로 얇게 썰어 둔다.

달래 샐러드

1 달래와 금귤을 제외한 드레싱 재료를 볼에 담아 골고루 섞는다.
2 달래는 흐르는 물에 깨끗이 씻어 물기를 제거한 뒤 4-5cm 길이로 썬다.
3 금귤은 반을 갈라 씨를 빼고, 초승달 모양으로 조각낸다.
4 손질한 달래 위로 드레싱을 부어 조물조물 버무린다.
5 그릇에 옮겨 담은 뒤, 금귤 조각을 올리고 깨를 뿌려 마무리한다.

Pairing

레 딕 뷸 NV Les Dix Bulles NV, 라 뚜레즈 La Touraize
쥐라 Jura 지역 특유의 미네랄이 풍부한 펫낫이다. 후추 향과 적당한 무게감을 갖추고 있어 아롱사태의 단단한 육질과 묵직한 참기름의 질감을 충분히 아우른다.

#7

김 페스토 주꾸미 숙회

남해에서 겨우내부터 초봄까지 수확해 말린 돌김을 뜨겁게 달군 팬에 구우면 감칠맛이 증폭된다. 비릿한 듯하지만 달콤하며 고소하다. 말린 김은 보관이 용이해 일 년 내내 즐길 수 있지만, 제철의 신선함을 지니고 있을 때 페스토에 절여 미각을 확장해본다.
봄을 맞아 산란기에 접어든 주꾸미 머릿속에는 쌀밥처럼 새하얀 알이 가득 차 있다. 선도가 좋은 주꾸미는 이빨만 제거하고 통째로 데쳐 먹어도 그 자체로 별미다. 녹진한 내장과 고소한 먹물, 담백한 알이 뒤섞여 바다가 넘실댄다.
끓는 물에 주꾸미를 담근다. 축 늘어진 다리가 오그라들며 흡사 꽃이 피어나는 듯하다. 윤기를 머금고 검게 빛나는 김 페스토를 접시 위로 펴 바른다. 주꾸미 먹물이 연상되는 프레젠테이션이다. 데친 주꾸미를 페스토 위로 하나씩 올린다. 야들야들한 주꾸미를 휘감은 해초의 풍미가 견과류와 치즈, 향신료와 뒤섞여 감칠맛의 향연을 펼친다. 씹을 수록 그 맛이 짙어진다.

재료(한 접시 분량)
주꾸미 350g

김 페스토
돌김 10g
(김밥 김 크기 2장 분량)
그라노파다노치즈 30g
잣 10g
마늘 5g(2-3톨 분량)
소금 1/2작은술
올리브유 100ml
토핑용 그라노파다노-
치즈 약간

김 페스토

1 돌김은 겉면에 푸른색이 살며시 돌 때까지 180도로 예열한 오븐이나 강불에 달군 프라이팬에 5-10초 앞뒤로 바싹하게 굽는다. 비닐봉지를 준비해 구운 돌김을 봉한 뒤, 잘게 부숴 준비한다. * 시판용 구운 돌김도 괜찮아요.
2 치즈와 잣, 마늘은 믹서로 잘게 다진다.
3 밀폐 용기를 준비하고 1과 2의 내용물을 한데 담아 골고루 섞는다.
4 3에 올리브유를 붓고 소금을 뿌려 내용물을 잘 섞어준다.

주꾸미 숙회

1 주꾸미는 내장과 이빨을 제거한 뒤, 소금물에 한 번 헹군다.
2 끓는 물에 손질한 주꾸미를 넣고 다리가 오그라들기 시작하면(30-40초) 채반에 건져 물기를 뺀다.
3 편평한 접시에 김 페스토를 펴 바른 뒤 데친 주꾸미를 얹는다.
4 얇게 썬 그라노파다노치즈를 올려 완성한다.

Pairing

아르부아 사바냥 2015 Arbois Savagnin 2015, **팡트** Domaine de la Pinte
고소한 견과류, 산듯한 레몬, 중후한 위스키 향이 어우러진 쥐라 지역의 화이트 와인이다. 주꾸미의 쫄깃한 식감과 김의 묵직한 풍미를 조화롭게 이끈다.

#8

풋마늘 닭다리살 구이

한국인만큼 마늘을 사랑하는 민족이 있을까. 초봄, 마늘 씨앗을 파종한 뒤 이윽고 싹이 돋으면 흡사 파처럼 생긴 마늘의 어린 잎줄기가 들녘을 푸르게 수놓는다. 풋마늘은 '아직 덜 여문 마늘'이라는 뜻이다. 마늘 통이 미처 굵기도 전에 덜 자란 어린잎으로 햇것의 살아 있는 맛을 선취한다. 풋마늘의 섬유질이 질긴 듯하지만 입천장을 톡 쏘는 아릿함에 봄철 노곤해진 감각이 곤두선다. 닭다리살의 기름진 풍미가 풋마늘의 알싸한 달큼함과 뒤섞여 조화를 이룬다. 봄볕이 꽤 짙어졌다.

재료(2-3인분)
풋마늘 150g
(3-4뿌리 분량)
닭다리살 400g
청주 50ml
다진 마늘 50g
소금, 후추 약간씩

1 닭다리살에 청주, 다진 마늘과 소금을 넣고 잘 섞은 뒤 냉장고에서 1시간 이상 재운다.
2 재운 닭다리살은 폭 3-4cm, 길이 7-8cm 정도의 크기로 자른다.
3 풋마늘은 밑동과 줄기 부분을 7-8cm 길이로 자른다.
4 꼬챙이에 풋마늘과 닭다리살을 번갈아가며 꽂는다.
5 강불로 달군 팬에 풋마늘 닭다리살 꼬치를 올려 겉면이 노릇해질 때까지 앞뒤로 돌려가며 굽는다. 중불로 낮춰 10분 이상 닭다리살을 충분히 익힌다.
6 완성된 풋마늘 닭다리살 구이에 후추와 소금을 뿌려 마무리한다.

⊕ Pairing

글로뷜 후즈 2018 Globule Rouge 2018, 라 쁘띠 쇠흐 La Petit Soeur

〈글로뷜 후즈〉의 경쾌한 타닌감은 기름진 닭다리살을 가볍게 녹이고, 풍부한 미네랄과 허브 향은 알싸한 풋마늘을 부드럽게 감싼다.

#9

허브 간장소스 도미 구이

허브 조각과 식자재 자투리, 조리 도구 등으로 너저분한 식탁 너머로 프랑스 파리 마레 지구 끝자락에 있는 레스토랑 'C.A.M EXPORT'가 떠올랐다. 더러운 음식과 비린내 나는 와인을 모토로 제철 음식과 내추럴 와인을 내어 주는 언더그라운드 감성 가득한 곳이다. '더러운 음식과 비린내 나는 와인'은 인공이 가미되지 않은 자연스러운 맛을 추구하는 역설적인 표현이다. 제철 식재료는 그날의 현장성에 따라 즉흥적인 요리로 탄생되고, 프랑스 전역에서 공수해온 내추럴 와인과 곁들여진다. 먹고 마시는 행위에는 기억 속을 부유하는 공감각을 불러 일으키는 야릇한 마성이 깃들어 있다. 훌륭한 요리와 좋은 술은 언제나 우리를 좋은 곳으로 데려다준다.

재료(한 접시 분량)
도미 한 마리,
월계수 잎 4-5장
타임 10g
고수 50g

허브 간장소스
치킨 스톡 분말 15g
피시 소스 40ml
라임즙 50ml
설탕 50g
다진 마늘 10g
크러시드 페퍼 1큰술
소금 1작은술
후추 약간

1 비늘과 내장을 제거한 도미는 앞뒤로 칼집을 낸다. 뱃속에 허브 잎을 넣어 봉하고 올리브유로 생선 겉면을 골고루 문지른 뒤, 쿠킹 페이퍼로 내용물을 감싼다.
2 180도로 예열한 오븐에 도미를 15분 가량 굽는다.
3 팬에 허브 간장소스 재료를 넣고 숟가락으로 저어가며 중불에서 2-3분 끓인다.
4 도미를 오븐에서 꺼내 쿠킹 페이퍼째로 준비한 그릇에 올린다. 쿠킹 페이퍼를 펼치고 3의 소스를 끼얹는다.
5 고수 잎을 잘게 다져 생선 위로 듬뿍 끼얹는다.

⊕ Pairing

블랑 2015 Blanc 2015, 실방 속스 Sylvain Saux
석회석과 대리석이 풍부한 고지대에서 깨끗한 바람을 맞으며 빚어진 천혜의 내추럴 와인이다. 구수한 효모 향을 가득 머금은 동시에 상큼하고 섬세한 미감을 자극한다. 허브, 피시 소스의 이국적인 향취와 실방 속스 특유의 스파이시한 풍미가 잘 어울린다.

#10

참나물 페스토 가자미 구이

참나물은 쌉싸래하며 상쾌한 향이 나는 산나물이다. 봄이 절정일 무렵, 지천에 널린 푸른 잎사귀의 참나물은 하루가 다르게 뻗어 나간다. 점점 짙어가는 태양빛 아래 섬유질이 질겨지기 전, 보드라운 잎사귀를 뜯어 참된 봄의 향기를 음미한다. 가는 봄이 아쉬워 참나물을 짓이겨 기름과 소금기를 버무려 병 속에 담는다.
산란기를 앞두고 살이 오른 두툼한 봄 가자미의 하얀 우윳빛 속살은 우아하며 깨끗하다. 바다에서 잡아 올린지 하루도 채 지나지 않은 신선함에 조리법은 뒷전이다. 달궈진 팬에 투박스레 앞뒤로 구웠을 뿐인데도 훌륭한 한 접시가 되는 마법이 펼쳐진다. 제철 산물의 수혜다. 경남 통영에서 봄철 도다리 쑥국을 끓여 먹듯, 제철을 맞은 참가자미에 참나물 페스토를 곁들인다.

재료(한 접시 분량)
가자미 한 마리
(순살 포 뜬 것 약 150g)
레몬즙(1/8개 분량)

참나물 페스토
참나물 잎 50g
(줄기 제거한 것)
파르미지아노레지아노-
치즈 50g
구운 잣 20g
마늘 10g
올리브유 50ml
소금, 후추 약간씩

참나물 페스토

1. 올리브유를 제외한 페스토 재료를 믹서에 간다.
2. 페스토를 유리병에 옮겨 담은 뒤, 올리브유를 부어 잘 섞는다.
3. 소금과 후추로 간을 맞춘다.

가자미 구이

1. 가자미는 비늘을 벗기고 내장을 제거한 뒤 뼈와 살을 발라 순살로 포를 뜬다. 등살과 뱃살이 4조각이 나오도록 손질해준다.
2. 센 불로 달군 프라이팬에 올리브유를 두르고 생선 겉면이 노릇해질 때까지 앞뒤로 약 3-5분 굽는다.
3. 그릇에 가자미 구이를 옮겨 담고 후추와 소금으로 간을 맞춘 뒤, 참나물 페스토를 적당량 토핑한다.
4. 레몬즙과 후추를 뿌려 마무리한다.

Pairing

칼크운트키셀 바이스 2018 kalkundkiesel Weiss 2018, 클라우스 프라이징어 Claus Preisinger
깨끗한 산미와 산듯한 풍미로 가벼운 목넘김을 표현하는 오스트리아 지방의 화이트 와인이다. 옅고 아름다운 보랏빛이 감돈다. 가자미의 부드러운 식감과 조화를 이루며 참나물의 풍미를 돋보이게 한다.

#11

참나물 페스토 가자미알 파스타

산란기를 앞둔 봄 가자미는 풍선처럼 부푼 알 주머니를 품고 있다. 어떤 것은 제 살의 부피 만큼이나 뱃속을 가득 채우고 있는데, 별개의 식재료로도 활용도가 높다. 가자미알의 비릿한 감칠맛이 향긋한 참나물 속을 파고든다. 고소한 풋내가 입맛을 돌게 한다. 도다리 쑥국에 밥 한 그릇을 말아 뚝딱 해치우듯 파스타 한 접시가 금세 텅 비었다. 하루하루 계절을 먹고 산다.

재료(2인분)
스파게티 면 200g
가자미알 반쪽(60-80g)
참나물 페스토 50g
파르미지아노레지아노-치즈 적당량
올리브유, 소금, 후추-약간씩

1 스파게티 면은 끓는 물에 8-10분 삶아 불지 않도록 올리브유를 뿌려 둔다.
2 중불로 달군 프라이팬에 올리브유를 넉넉히 두르고 가자미알을 충분히 익힌다.
3 스파게티 면을 프라이팬에 옮겨 담고 가자미알을 으깨며 골고루 섞는다.
4 중약불로 불을 낮춘 3의 내용물에 참나물 페스토를 끼얹고, 모든 재료가 골고루 섞이도록 휘저은 뒤 그릇에 담는다.
5 파르미지아노레지아노치즈를 그라인더에 갈아 파스타 위에 올리고 소금, 후추를 취향껏 뿌려 마무리한다.

Pairing

비앙코 카르보 2018 Bianco Carbo 2018, 라미디아 Lamidia
알코올 향이 느껴지지 않을 정도로 경쾌한 산미가 돋보여 가자미알의 풍미를 기분 좋게 마무리한다.

간단하지만 품위 있는 한 끼

“

봄이 저물 무렵, 땅속에 결실을 맺는 뿌리채소가 있다.
봄의 끝자락을 검붉은 뿌리 속에 응축한 비트다. 비트를 통째로 구우면 달큼한 맛이 배가 된다.
담백한 리코타치즈를 곁들여 비트의 심오한 속살처럼 곧 붉게 타오를 여름을 맞이한다.”

”

대패삼겹살 미나리말이

에그 미모사

마늘종 고기볶음 라이스페이퍼말이

햇마늘 버터 바게트

들깨 드레싱 죽순 무침

리코타치즈를 곁들인 구운 비트 샐러드

#12

대패삼겹살 미나리말이

이토록 보들보들하고 쌉싸래한 것을 맛봐야 비로소 봄이 왔나 싶다. 추위가 완전히 가지 않은 초봄, 개울가에서 수줍게 고개를 치켜세운 미나리 새순은 섬유질이 전혀 느껴지지 않을 만큼 보드랍게 입안을 타고 돈다. 삼겹살은 봄날의 미나리와 만났을 때 가장 빛난다.

재료(한 접시 분량)
대패삼겹살 200g
미나리 50g
소금, 후추 약간씩

쌈장 소스
쌈장 10g
다진 마늘 1g
참기름 2ml
매실액 2ml

1 미나리는 흐르는 물에 깨끗이 씻어 물기를 없앤 뒤, 잔뿌리가 달린 밑동을 제거하고 줄기를 8-10cm 길이로 자른다.
2 대패삼겹살은 폭 4-5cm, 길이 15-20cm 정도의 크기로 잘라 준비한다.
3 강불로 달군 프라이팬에 대패삼겹살을 얹고 겉면이 노릇해질 때까지 앞뒤로 굽는다.
4 구운 삼겹살에 쌈장 소스를 펴 바르고 미나리 서너 줄기를 얹어 돌돌 말아 준다.
5 그릇에 대패삼겹살 미나리말이를 올리고 후추를 뿌려 완성한다.

Pairing

람부르스코 2017 Lambrusco 2017, 포데레 마지아 Podere Magia
온습한 해풍을 머금은 이탈리아 엔자Enza 계곡의 천혜 환경 속에서 바이오 다이내믹 농법을 통해 만들어진 펫낫이다. 이탈리아 고유 품종인 람부르스코는 상큼한 과실과 산듯한 허브 향을 가득 품고 있어 삼겹살의 기름진 풍미를 상쾌하게 감싼다.

#13

에그 미모사

삶은 달걀로 표현할 수 있는 최고의 요리가 아닐까. 달걀 속에 품은 샛노란 봄을 조심스레 꺼내 약간의 정성을 더한 뒤 제자리로 되돌려 놓으면, 입속엔 완연한 봄이 만개할 것이다.

재료(한 접시 분량)
달걀 3개

속 재료
피클 20g
달걀노른자 50g
(3개 분량)
마요네즈 30g
설탕 10g
안초비 3g
파슬리 1작은술

1 달걀은 끓는 물에 10-12분 삶는다.
2 삶은 달걀을 건져 차가운 물에 담가 충분히 식힌다.
3 계란 껍질을 벗기고 반으로 가른다. 칼에 물을 묻히면 자르기 수월하다.
4 반으로 가른 달걀에서 흰자가 부서지지 않도록 조심스레 노른자를 빼내고, 흰자만 접시에 올린다.
5 노른자는 볼에 옮겨 담아 곱게 으깬다. 다진 피클, 마요네즈와 설탕, 안초비와 파슬리를 넣고 골고루 섞는다.
6 접시 위의 달걀 흰자 속에 5의 내용물을 소담하게 채운다.

Pairing

보졸레 빌라쥬 블랑 2018 Beaujolais Village Blanc 2018, 장클로드 라팔뤼 Jean-Claude Lapalu
모과의 향긋한 풍미와 아카시아꽃의 은은한 달콤함이 흐르는 밝고 경쾌한 화이트 내추럴 와인이다. 에그 미모사의 부드러운 식감과 잘 어울리는 보졸레 지역의 샤르도네다.

#14

마늘종 고기볶음 라이스페이퍼말이

아시아의 맛을 한입에 쏙 집어넣는 기분이랄까. 간장소스로 간이 충분히 밴 고기 조각과 마늘종을 번갈아 씹으니 먹는 재미가 쏠쏠하다. 라이스페이퍼의 차진 식감이 입속에 겉도는 내용물을 화합한다. 지루할 틈이 없다. 봄 햇살처럼 가벼운 목넘김의 와인 한 모금에 1악장을 일단락 짓는다. 부엌 한구석엔 못다 쓰고 남긴 마늘종 잔해가 너부러졌다. 마늘종 끄트머리에 둥글게 솟은 꽃봉오리가 하얀 쌀밥 같은 꽃을 터트리려 한다. 바야흐로 모든 것이 피어나는 봄이다.

재료(2인분)
마늘종 50g
돼지고기 다짐육 100g
소고기 다짐육 100g
라이스페이퍼 10-15장

양념
다진 마늘 15g
간장 15ml
청주 5ml
설탕 10g
굴소스 10g
깨 1작은술
후추 약간

1 마늘종은 0.5cm 두께로 썰어 준비한다.
2 돼지고기 다짐육과 소고기 다짐육에 양념 재료를 넣고 골고루 치댄다.
3 강불로 달군 프라이팬에 양념된 다짐육을 넣고 볶는다.
4 팬에 육즙이 고이기 시작하면, 썰어 둔 마늘종을 넣고 양념과 육즙이 자작해질 때까지 함께 볶는다.
5 팬의 내용물을 볼에 옮겨 담아 한풀 식힌다.
6 오목하고 널찍한 그릇에 물을 끓여 담는다. 살짝 식힌 뜨거운 물에 담갔다 뺀 라이스페이퍼를 편평한 그릇에 펼치고 식힌 마늘종 고기볶음을 얹는다.
7 라이스페이퍼로 마늘종 고기볶음을 감싸 돌돌 말아 준다.

Pairing

흐쥬이상스 2017 Rejouissances 2017, **실비 오쥬호** Sylvie Augereau

피노 도니스Pineau d'Aunis와 그롤로Grolleau 품종의 가벼운 바디감을 지닌 〈흐쥬이상스〉는, 내추럴 와인 특유의 야생적인 풍미가 가득하며 상쾌한 과일과 알싸한 후추, 산뜻한 허브가 조화를 이룬다. 마늘종의 맵싸한 맛과 돼지고기의 풍미를 잘 잡아 준다.

#15

햇마늘 버터 바게트

봄과 여름의 경계에선 민들레 씨앗이 눈발처럼 흩날리고 산등성에 만개한 산사꽃이 미풍에 나부낀다. 싱그러운 햇마늘이 쏟아지는 시기다. 한 해 동안 나의 작은 주방에서 약방의 감초와 같이 톡톡한 역할을 짊어질 마늘 한 접을 쟁인다. 열은 생채기에도 알싸한 진액이 흐르는 햇마늘 속엔 진주가 알알이 박혀 있다. 나는 그 누구보다 풍요에 사로잡혀 한껏 들뜬 마음으로 이 아름다운 피사체를 보고 또 바라본다. 비옥한 토지에서 갓 뽑아 올린 마늘 뿌리에 훈훈한 땅 기운이 묻어난다. 포슬포슬한 햇마늘 알갱이를 곱씹으면, 나는 이 땅 어딘가 깊숙하게 뻗은 거대한 뿌리와 연결되어 있다는 무모한 확신에 사로잡히곤 한다.

재료(약 15개 분량)
빵 200g 분량
상온에서 30분 이상-
녹인 버터 70g
다진 마늘 35g
설탕 20g
소금 1/2작은술
파슬리 1큰술

1 바게트는 2cm 두께로 썰어 준비한다.
2 상온에서 녹인 버터를 볼에 담아 부드럽게 젓는다.
3 다진 마늘, 설탕과 소금, 파슬리를 2에 넣고 골고루 섞는다.
4 바게트에 3의 마늘 버터를 골고루 펴 바른다.
5 180도로 예열한 오븐에 약 5분 굽는다.

Pairing

뤼그 블랑슈 NV Lug Blanche NV, 부아홍 Brasserie des Voirons

빵과 맥주는 언제나 좋은 조합이다. 75%의 보리와 25% 밀로 만들어진 〈뤼그 블랑슈〉는 알프스의 만년설처럼 깨끗하다. 내추럴 와인을 양조한 오크통 발효 숙성을 통해 내추럴 와인 특유의 산미를 풍기며 샴페인을 대신하는 맥주로 불린다. 햇마늘의 눅진한 풍미가 허브 향으로 가득한 부아홍의 부드러운 기포를 타고 감칠맛을 선사한다.

#16

들깨 드레싱 죽순 무침

소리소문 없이 가만가만 다가오는 여름의 표식들. 제법 묵직해진 공기 덩어리, 주뼛 솟아오른 허브 군락 꽃대, 민들레 씨앗처럼 휘날리는 고양이 속 털, 꽤 농밀한 빛을 반사하는 저녁놀. 대나무 숲 흙 아래 마른 가지와 낙엽을 밀어내고 솟아오르는 죽순.

죽순이 지상에 모습을 드러냈다는 건 여름이 성큼 다가왔다는 뜻이다. 그래서인지 죽순은 시절의 맛을 오롯이 품고 있다기 보다, 계절의 경계에서 미각을 환기시킨다. 아무리 푹 삶아도 사라지지 않는, 혀끝을 아리는 산미가 그것이다. 은은한 산미가 감도는 맛을 들깨 가루의 눅진한 고소함으로 버무린다. 죽순의 수직적인 섬유질 사이로 사방으로 톡톡 터지는 탱글탱글한 새우의 식감이 교차한다. 수확에 뒷전으로 밀려난 죽순은 어느새 내 키를 넘어서 청명한 하늘을 향해 성큼 뻗어나가고 있을 것이다. 녹음이 퍽 짙어진 봄과 여름의 경계에 와 닿았다.

재료(한 접시 분량)
죽순 100g
칵테일 새우 100g

드레싱
들깨 30g
들기름 30ml
꿀 15g
국간장 5ml

1 죽순은 껍질을 벗긴 뒤, 죽순이 가득 잠기도록 냄비에 물을 붓고 중불에서 30-40분 가량 끓인다.
2 충분히 삶아 흐물흐물해진 죽순을 차가운 물에 한 시간 이상 담가 아린 맛을 없앤다.
3 손질한 죽순은 반으로 가른 뒤 4-5cm 길이로 준비한다.
4 새우는 끓는 물에 데쳐 찬물에 헹군 뒤 채반에 받쳐 물기를 뺀다.
5 볼에 죽순과 새우, 들깨 드레싱을 넣고 한데 버무린다.

Pairing

모나코 비앙코 2019 Monaco Bianco 2019, 델라 스타파 Della Staffa
산미와 감칠맛이 돋보이는 오렌지 와인으로 아린 맛이 감도는 죽순과 텁텁한 들깨를 부드럽게 감싼다.

리코타치즈를 곁들인 구운 비트 샐러드

봄이 저물 무렵, 땅속에 결실을 맺는 뿌리채소가 있다. 봄의 끝자락을 검붉은 뿌리 속에 응축한 비트다. 비트를 통째로 구우면 달큼한 맛이 배가 된다. 담백한 리코타치즈를 곁들여 비트의 심오한 속살처럼 곧 붉게 타오를 여름을 맞이한다.

1 비트는 껍질을 벗긴 뒤 2cm 두께로 통째 썬다.
2 오븐 용기에 비트를 얹고 올리브유를 넉넉히 두른 뒤 소금을 적당량 뿌린다.
3 180도로 예열한 오븐에서 20분가량 굽는다.
4 오븐에서 구워 나온 비트는 냉장고에 차갑게 보관하거나 상온에서 충분히 식힌다.
5 샐러드 접시를 준비하고 접시 위로 올리브유를 넉넉히 두른 뒤, 비트를 얹는다.
6 비트 위로 리코타치즈를 한 스푼씩 올리고 후추를 뿌려 완성한다.

재료(한 접시 분량)
비트 1개(약 200g)
리코타치즈 100g
올리브유, 소금, 후추-각 적당량

Pairing

몰 2018 Mol 2018, 파트릭 부주 Patrick Bouju
프랑스의 온천 도시, 비쉬VICHY가 자리한 오베르뉴 론 알프스Aubergne-Rhone-Alpes 화산 지대에서 풍부한 미네랄을 가득 머금고 빚어진 내추럴 와인이다. 깨끗한 맛이 단순한 즐거움을 선사한다. 풍미가 짙은 비트는 맛이 강하기에 풍부한 과즙이 감도는 레드 와인과 잘 어울린다.

Summer

미풍에 흩날리는 아카시아 향기는 봄의 종말을 암시한다. 빛의 각도는 날카로워졌고, 기상 시각은 새벽녘에 접어들었다. 모든 것이 초록으로 빛나는 시절, 발갛게 흐드러진 여름이 고개를 추켜올리려 한다.

여름의 태양이 무자비한 뙤약볕을 내뿜기 전, 서둘러 옥상 정원에 오른다. 한껏 부푼 녹음과 촉촉한 대기의 질감과 그 싱그러운 향내를 느낀다. 찰방이는 볕에 돋아난 귀여운 신록은 오뉴월 호시절을 타고 온갖 채도의 초록으로 물들어 가고 있다. 나의 작은 숲은 수줍은 다홍빛을 머금고 미풍에 나부낀 청량한 속삭임을 튕겨 낸다. 간밤 내린 빗줄기에 통통하게 물이 오른 허브를 줄기째 뜯는다. 잎사귀에 손이 닿을 때마다 짙은 여름의 향기가 더해진다. 비로소 여름이 와닿는다.

어느새 사방으로 볕이 쏟아지고 있다. 창가에 비친 담벼락은 춤을 추기 시작한다. 담장을 휘감은 능소화 덩굴이 바람에 나부끼는 형상이다.

분주한 여름의 태양은 금세 자리를 옮긴다. 달아나는 빛을 좇아 부엌으로 향한다. 식탁 귀퉁이에는 시절을 다투며 여문 여름이 가득 쌓였다. 총천연색의 탐스러운 과일이다. 바라만 보아도 마음속에 풍요가 깃든다. 정물화 속에서 막 튀어나온 듯한 참외 주변으로 하루살이가 맴돈다. 달콤한 향기에 이끌렸으리라. 따가운 볕에 붉게 그을린 토마토를 한입 베어 문다. 눅진한 향이 입안 한가득 퍼진다. 태양을 농축해놓은 맛일까? 여름의 속살처럼 수줍은 자두며 살구, 복숭아를 입속에 오물거리며 여름의 공감각을 채워 나간다.

후끈 달아오르는 무더위에 습도계는 70%를 웃돌고 있다. 차가운 냉장고에서 펫낫 한 병을 꺼낸다. 투명한 잔을 따라 한없이 피어오르는 기포는 여름을 위한 축배다. 손바닥에 물이 묻는 건 개의치 않고, 차가운 와인잔을 움켜쥔다. 청량한 여름을 한 모금 들이켠다. 기다랗게 드리운 태양의 꼬리가 여름을 절정으로 파묻고 있다.

여름, 생기 넘치는 재료의 맛

“

소낙비가 세차게 지붕을 두드리자 습도는 80%를 웃돈다.
축축한 공기 사이로 미끄덩한 유증이 침투한다.
입속엔 고소하며 달콤한 꽃이 피어난다. 바삭한 기름기가 와인 한 잔을 재촉한다.
장마의 추억이 되살아난다. 올여름엔 장마 전선이 얼마 동안 머무르려나.

”

완두콩 타르틴

체리 콩포트 브리치스 구이

크림치즈 미니 파프리카 구이

호박꽃 튀김

애호박 라자냐

햇감자 허브 크러스트 오븐 구이

찰옥수수전

멜론 카르파치오

#1

완두콩 타르틴

봄과 여름의 경계에서 청초한 연둣빛을 발하는 완두콩. 모든 것이 차오르는 소만小滿의 풍요가 동그랗게 영근 콩알 한 조각에 담겼다. 상쾌하고 푸른 단맛이다. 풋풋한 생기와 색채를 오롯이 머금은 여름과 랑데부한다. 시큼한 사워도우에 신선한 우유 향이 흘러내리는 부라타치즈 그리고 풋내 서린 달콤한 완두콩을 쌓는다.

1 완두콩은 끓는 물에 10-15분 삶은 뒤 채반에 받쳐 물기를 뺀 뒤 푸드 프로세서로 성글게 갈아준다.
2 볼에 1의 완두콩을 옮겨 담고 꿀과 소금, 레몬즙을 넣고 섞는다.
3 180도로 예열한 오븐에 2-3cm 두께로 슬라이스한 사워도우를 넣고 약 5분 굽는다.
4 사워도우에 부라타치즈를 얹은 뒤 2의 으깬 완두콩을 얹는다.
5 타르틴 위로 올리브유와 후추를 뿌려 마무리한다.

재료(2-3인분)
완두콩 100g
꿀 10g
소금 1/2작은술
레몬즙(1/8개 분량)
후추, 올리브유 약간씩
부라타치즈 100g
사워도우 2-3cm 두께로-
자른 것 2-3조각

Pairing

프렉트 2018 Frekt 2018, 라미디아 Lammidia

완두콩은 고소한 단맛이 특징이다. 〈프렉트〉의 고소한 단맛은 마치 완두콩과 닮았다. 이탈리아 토착 품종인 페코리노로 만들어 화사한 허브 향이 풍기며 청포도, 햇사과 같은 짙은 과실 향이 완두콩의 풍미와 잘 어울린다.

#2

체리 콩포트 브리치즈 구이

브리치즈와 체리는 서로 맞닿아 있을 뿐인데도 환상적인 페어링을 뽐낸다. 오븐에 구운 브리치즈를 듬성 조각내자 뜨거운 크림이 김을 풍기며 흘러내린다. 달콤하게 졸인 체리 콩포트와 과즙이 가득 찬 체리 생 과육을 김 서린 치즈와 곁들여 뜨거운 여름을 맛본다.

재료(한 접시 분량)
브리치즈 1개(125g)
체리 20g
피스타치오 10g

체리 콩포트
체리 100g
머스코바도 설탕 30g
발사믹 20g
레몬즙(1/8개 분량)
소금 약간

체리 콩포트

1 씨를 제거한 체리를 머스코바도 설탕에 버무려 강불에서 3분 끓인다.
2 중약불로 조절하고 발사믹을 넣은 후 숟가락으로 저어가며 약 3분간 더 끓여준다.
3 소금과 레몬즙을 넣어 마무리한다.

브리치즈 구이

1 브리치즈는 통째로 180도 예열한 오븐에서 8-10분간 굽는다.
2 준비한 접시에 구운 브리치즈를 가운데 놓고 체리 콩포트와 생체리를 적당량 올려준다.
3 피스타치오 등의 견과류를 뿌려 마무리한다.

Pairing

레츠고 디스코 2019 Let's go Disco 2019, 앤더스 프레드릭 스틴 Anders Frederik Steen
달콤한 체리 콩포트와 고소한 브리치즈의 조합은 전통적인 와인 안주다. 맛있는 안주엔 맛있는 와인을 곁들여야 하는 법, 앤더스의 〈레츠고 디스코〉는 체리와 딸기의 아로마가 흘러넘치는 와인이어서 체리 콩포트 브리치즈 구이에 잘 어울린다.

크림치즈 미니 파프리카 구이

이보다 더 좋을 순 없다. 책 속에 소개한 수많은 요리 중 와인과 결혼을 시킨다면 나는 주저 없이 크림치즈로 속을 채운 이 작은 파프리카를 선택할 것이다. 이토록 귀엽고 예쁜 요리에 살아 숨쉬는 내추럴 와인 한 모금의 마리아주라니! 뜨거운 태양 아래, 해풍이 넘실거리는 반짝이는 수평선 너머의 세계가 펼쳐지는 것만 같다.

재료(한 접시 분량)
미니 파프리카 6-8개
크림치즈 100g
선 드라이드 토마토 20g
호두 10g
꿀 5g
크러시드 페퍼 1/2작은술
로즈메리 한 줌
올리브유 적당량
후추 약간

1. 미니 파프리카의 꼭지를 포함한 윗부분을 자른 뒤, 씨앗과 속의 섬유질을 제거한다.
2. 180도로 예열한 오븐에 올리브유로 문지른 파프리카를 넣고 10분간 굽는다.
3. 선 드라이드 토마토와 로즈메리는 다지고 호두는 잘게 으깬 뒤 크림치즈와 부드럽게 섞다가 꿀과 크러시드 페퍼를 넣고 버무린다.
4. 오븐에서 꺼낸 미니 파프리카를 상온이나 냉장고에서 충분히 식힌 뒤 3의 재료로 속을 채운다. 접시에 담고 후추를 살짝 뿌려 완성한다.

Pairing

퓌흐 브흐통 2016 Pur Breton 2016, 올리비에 꾸장 Olivier Cousin
구운 파프리카에 부드러운 크림치즈를 채워 짙은 풍미를 자랑하는 이 요리엔 거친 가죽 향과 풍부한 산미가 인상적인 〈퓌흐 브흐통〉이 제격이다. 카베르네 프랑Cabernet Franc 품종을 다루는 거장의 순수한 터치를 느낄 수 있을 것이다.

#4

호박꽃 튀김

자연이 빚어낸 얇은 만두피가 호박 덩굴 사이로 피고 진다. 이토록 부드럽고 얇으며 달콤한 만두피라니, 계절의 호사다. 어디선가 날아든 꿀벌 무리가 호박꽃 주변을 맴돈다. 어느새 꽃이 시들고 구슬처럼 귀여운 호박이 영글어 간다. 행여 장맛비에 꽃이 녹아내릴까 서둘러 꽃을 딴다. 냉장고와 찬장에 상비된 평범한 식재료로 소를 버무린다. 텅 빈 호박꽃을 통통하게 채우고, 황금물결이 일렁이는 기름 솥에 데치듯 튀긴다. 소낙비가 세차게 지붕을 두드리자 습도는 80%를 웃돈다. 축축한 공기 사이로 미끄덩한 유증이 침투한다. 입속엔 고소하며 달콤한 꽃이 피어난다. 바삭한 기름기가 와인 한 잔을 재촉한다. 장마의 추억이 되살아난다. 올여름엔 상마 선선이 얼마 동안 머무르려나.

재료(1인분)
호박꽃 5-6송이
두부 100g
자숙 새우 150g
다진 파 50g
부침 가루 20g
달걀 1개
굴소스 5g
소금, 후추 적당량

튀김 반죽
부침 가루 30g
물 10ml
소금 약간
오리엔탈풍 소스

1 두부는 물기를 꼭 짜내고, 새우는 잘게 다진다.
2 볼에 1의 두부와 다진 새우를 넣고, 다진 파, 부침 가루, 달걀, 굴소스, 소금과 후추를 넣고 내용물이 엉겨 붙을 때까지 치댄다.
3 호박꽃은 흐르는 물에 깨끗이 씻은 뒤 암술과 수술을 제거한다.
4 호박꽃 속에 2의 내용물을 알맞게 넣으며 채운다.
5 부침 가루를 물에 갠 반죽에 4의 호박꽃을 적셔 중불로 달군 기름 솥에서 4-5분간 튀긴다.
6 기름에서 건진 호박꽃 튀김을 키친타월에 얹어 기름을 빼고 접시에 담는다.
7 매콤한 스위트 칠리 또는 스리라차와 같은 오리엔탈풍 소스와 곁들이면 좋다.

Pairing

리트로쪼 로쏘 비앙코 2019 Litrozzo Rosso Bianco 2019, **레 코스테** Le Coste

〈리트로쪼 로쏘 비앙코〉는 목넘김이 좋은 화이트 와인이다. 레몬, 사과, 오렌지의 과실 향은 물론, 캐머마일과 같은 허브의 아로마로 향긋한 호박꽃 튀김을 부드럽게 감싼다.

#5

애호박 라자냐

호박꽃이 만두피였다면, 얇게 저민 애호박은 파스타의 원조 격인 라자냐가 된다. 여름의 풍요가 상식을 뒤엎는 레시피를 선사한다. 속살이 비치도록 얇고 투명하게 저민 애호박 사이로 풋내가 진동한다. 돌돌 말아 오븐에 구운 라자냐가 한입에 쏙 들어가는 먹음직스러운 형태로 손길을 재촉한다. 포만감보다 미식의 즐거움이 밀려온다. 이토록 인본주의적인 라자냐라니!

재료(한 접시 분량)
돼지고기 다짐육 100g
소고기 다짐육 100g
청주 1작은술
다진 마늘 10g
굴소스 10g
달걀 1개
소금 1/2작은술
후추 약간
바질 가루 1큰술
리코타치즈 100g
토마토소스 100g
애호박 1개
파르미지아노레지아노-치즈 적당량

1 준비한 볼에 돼지와 소고기 다짐육, 청주와 다진 마늘, 굴소스, 소금과 후추, 달걀을 넣고 찰기가 생길 때까지 섞는다.
2 필러를 사용해 애호박을 세로로 길게 벗겨 내듯 저민다.
3 오븐용 라자냐 그릇 바닥에 토마토소스 50g을 얇게 펴 바른다.
4 저민 애호박에 라자냐 소 한 스푼씩을 넣고 감싸 돌돌 말아 준 뒤 세워서 차곡차곡 오븐 용기에 담는다.
5 리코타치즈와 남은 토마토소스를 각각의 라자냐 위에 적당량 얹는다.
6 180도로 예열한 오븐에 10-15분 굽는다.
7 완성된 라자냐는 적당량 접시에 담고 후추와 파르미지아노레지아노치즈와 바질 가루를 뿌린다.

Pairing

빌라쥬 블랑 2018 Villages Blanc 2018, 장 클로드 라팔뤼Jean-Claude Lapalu
달콤한 애호박 사이로 풍부한 육즙을 머금은 라자냐에는 보졸레Beaujolais 지방의 화이트 와인을 곁들여 보자. 상쾌한 목넘김으로 밸런스가 좋으며 풍만한 과실 향을 갖추고 있다.

#6

햇감자 허브 크러스트 오븐 구이

허브를 가꿀 땐 무심함과 정성이 필요하다. 사람의 손길보다 자연의 흐름을 더 많이 탄다는 뜻이다. 여름의 한가운데, 나의 작은 정원 속에서 무성하게 부풀어 오른 허브 잎을 처음부터 내 것이 아니었던 것처럼 갈무리한다. 가지치기로 한결 가벼워진 잎사귀들이 나풀나풀 홀가분한 인사를 건넨다.
허브는 요리를 돋보이게 하는 조연을 늘 맡아 왔지만, 이번엔 주인공이다. 때마침 하지 무렵 땅에서 캐 올린 감자가 말을 걸어 온다. 허브 크러스트를 감자에 덧입혀 신선한 향기를 맛본다. 허브를 잔뜩 먹어 삼킨 여름날, 향기로우며 풍요로운 일상이 눈앞에 펼쳐졌다.

1 감자는 웨지 모양으로 썰고 올리브유를 바른 뒤 소금과 후추를 버무려 밑간한다.
2 조리용 트레이나 쟁반에 허브 가루와 빵가루, 치즈 가루를 넣고 한데 섞어 버무린다.
3 감자에 2의 허브 크러스트를 듬뿍 묻히고 180도로 예열한 오븐에 15-20분 굽는다.
4 디종 머스터드 등의 디핑 소스를 취향껏 곁들인다.

재료(한 접시 분량)
햇감자 2개
소금 1작은술
후추 적당량
바질 가루 10g
로즈메리 가루 10g
파슬리 가루 10g
빵가루 10g
그라노파다노치즈 20g
올리브유 30ml

Pairing

뮈스카 밤뷸! 2018 Muskat Bambule! 2018, 유디트 벡 Judith Beck
제철 감자에 향긋한 허브 크러스트를 버무린 감자구이. 여기에 감칠맛을 더해 줄 와인은 〈뮈스카 밤뷸!〉이다. 향긋한 꽃향기와 망고, 파파야 등의 열대 과일이 지닌 아로마로 햇감자 구이에 마치 소스를 더하는 느낌을 선사할 것이다.

#7

찰옥수수전

옥수수 손질은 여름을 나기 위한 통과의례 중 하나다. 서걱서걱 썰려 나간 옥수수 밑동 사이로 뽀얀 진액이 송골송골 맺힌다. 풋풋한 단내가 습한 대기를 타고 돈다. 식탁 한편에 어느새 소복이 쌓인 껍질은 들판 위 파릇하게 펼쳐진 옥수수밭을 연상케 한다. 그렇게 속잎을 벗겨 내면, 비너스의 풍만한 머리칼처럼 싱그러운 옥수수수염이 드러난다.
마침내 미색의 옥수수가 가지런한 인사를 건넨다. 한 알 한 알 옹골차게 양분을 머금은 건강한 미소에 생의 기쁨이 밀려온다. 발가벗은 옥수수를 뜨겁게 달군 찜솥으로 옮긴다. 수증기 돔에 갇힌 옥수수가 금방이라도 터질 듯 부풀어 오른다. 갓 쪄낸 옥수수를 대나무 채반에 차곡차곡 담는다. 옥수수 한 바구니는 그 자체만으로 여름의 정물화가 된다.
서늘하게 식은 옥수수 한 개를 움켜쥐고 맛보니, 쫄깃한 고소함이 입안에서 톡톡 터진다. 오롯한 여름의 맛이다.

재료(한 접시 분량)
옥수수 알맹이 150g
부침 가루 30g
물 30ml
파슬리 1큰술
소금 1/2작은술
토핑용 그라노파다노-치즈 적당량

1 찜기에 찐 옥수수를 식혀 옥수수 알맹이만 분리한다.
2 절구에 옥수수 알맹이 절반을 넣고 알알이 으깬다.
3 볼에 2의 옥수수와 나머지 옥수수 알맹이를 섞은 뒤 부침 가루와 파슬리, 소금과 물을 넣고 찰기가 생길 때까지 치댄다.
4 중불로 예열한 팬에 기름을 넉넉히 두르고 7-8cm 지름의 옥수수전을 부친다. 앞뒤로 뒤집으며 부치다가 강불로 올려 튀기듯 굽는다.
5 그릇에 옮겨 담은 옥수수전 위로 그라인더에 간 그라노파다노치즈를 취향껏 뿌려 마무리한다.

Pairing

브루탈 2016 - 2017 Brutal 2016 - 2017, 바바스 Babass
찰옥수수전은 바삭하면서도 입안에서 톡톡 터지는 쫄깃한 식감이 인상적인 요리다. 기분 좋은 기포감의 〈브루탈〉은 산미와 당도를 조화롭게 지니고 있어 옥수수의 달콤한 고소함을 앞뒤로 잘 끌어당길 것이다.

#8

멜론 카르파치오

여름을 캔버스에 담는다면 이와 같은 한 접시의 그림이 나오지 않을까. 투명한 초록의 멜론 속살 사이 꿈꾸는 듯 아련한 우윳빛 크림, 흩뿌린 신비로운 허브 조각과 하몽의 마블링이 뒤엉킨 모습에 햇살이 나부끼는, 아마 늦은 여름일 것이다.

재료(한 접시 분량)
멜론 1/2통
부라타치즈 100g
하몽 50g
올리브유 5ml
꿀 5g
파르미지아노레지아노-치즈 10g
허브 잎 적당량

1 멜론은 씨와 속을 제거하고 필러를 사용해 과육을 얇게 저미듯 도려낸다.
2 샐러드 접시를 준비하고 저민 멜론 과육을 담는다.
3 하몽은 손으로 찢어 부라타치즈와 함께 멜론 사이사이에 놓는다.
4 샐러드 접시 위로 올리브유와 꿀을 적당량 뿌리고 파르미지아노레지아노치즈를 갈아 토핑한다.
5 허브 잎사귀와 식용 꽃 등으로 장식한다.

Pairing

벨 2018 Bel 2018, 밀란 네스타레츠 Milan Nestarec
밀란 네스타레츠의 〈벨〉은 시원하게 삼키기 좋은 여름의 와인이다. 사과와 레몬의 향을 갖추고 있으며 누구나 마셔도 '맛있다!'라는 감탄사가 절로 터지는 원초적인 맛을 지니고 있다.

시원하고 간단하게 즐기는 요리

"

여름이 깊어 갈수록 주방을 뜨겁게 달구는 것이 벅차다.
이럴 땐 불을 쓰지 않고 도 펼칠 수 있는 근사한 요리 한 접시가 절실하다.
지천엔 시절의 풍요가 널렸다. 과일과 채소를 날것으로 성큼 베어 먹었을 뿐인데
옹골진 포만감으로 배가 부르다. 여름을 한 접시에 담는다.

"

참외 프로슈토

초당 옥수수 고수 샐러드

차지키 그릭 샐러드

오이 딜 샌드위치

오이 편수

명란젓 콜드 파스타

리코타치즈 수박 큐브

#9

참외 프로슈토

샛노란 붓터치로 빚어진 듯한 참외는 정물화 속에서 막 튀어나온 것 같다. 어디선가 날아든 하루살이가 어느새 달콤한 향기 주변을 맴돈다. 염장 식품은 여름의 지혜로운 먹거리다. 조각난 달콤한 참외 위로 짠 내 나는 프로슈토와 치즈를 얹는다. 아삭한 과육 사이로 소금에 절인 육향이 걷잡을 수 없이 퍼져 나간다.

재료(한 접시 분량)
참외 2-3개
프로슈토 30g
바질 한 줌
그라노파다노치즈 20g
올리브유, 후추 약간씩

1 참외는 껍질을 깐 뒤 1/8등분하여 속을 파낸다.
2 프로슈토를 적당한 크기로 찢어 1의 참외를 감싼다.
3 참외 프로슈를 접시에 담고 바질 잎과 그라노파다노치즈를 취향껏 토핑한다.
4 올리브유와 후추를 뿌려 마무리한다.

Pairing

펫낫 바이스 2018 Pet Nat Weiss 2018, 다니엘 브란트 Daniel Brand
참외의 단맛과 프로슈토의 짭짤함의 조화가 특징인 참외 프로슈토에는 펫낫이 잘 어울린다. 가벼운 기포감이 어떤 요리와도 잘 어울리는 중성적인 풍미를 지닌 이 펫낫은 시원하고 상쾌한 미네랄 또한 풍부하다.

#10

초당 옥수수 고수 샐러드

한입에 베어 문 초당 옥수수 알갱이 대여섯 조각을 입속에 털어 넣으면 상큼한 단내가 톡톡 터진다. 원초적인 기쁨이 밀려오며 영원한 여름이 펼쳐진다. 여기에 이국적인 향을 더하면 아열대의 정취가 눈앞에 성큼 다가와 있다. 식탁 위에서 즐기는 '여행의 맛'이다.

재료(한 접시 분량)
초당 옥수수 2개
고수 30g

드레싱
마요네즈 50g
스리라차 소스 10g
꿀 5g
레몬즙(1/8개 분량)

1 드레싱 재료는 잘 섞어 준비한다.
2 초당 옥수수는 껍질과 수염을 제거하고 흐르는 물에 깨끗이 씻은 뒤 강불로 끓는 찜솥에 넣어 5-8분간 찐다.
3 한풀 식힌 초당 옥수수를 두 세 동강낸 뒤, 옥수수 속대를 잡고 칼로 알갱이와 속대를 분리한다.
4 오목한 접시에 옥수수를 담고 드레싱을 뿌린 뒤 잘게 썬 고수 잎을 얹는다.
5 내용물이 잘 섞이도록 한데 버무린다.

⊕ Pairing

시암반 2018 Sciambagn 2018, 라미디아 Lammidia
산미가 좋은 드라이한 펫낫인 〈시암반〉은, 기포감 또한 적당해 초당 옥수수의 단맛을 받쳐 주며 독특한 고수 향 또한 깔끔하게 잡아 준다.

#11

차지키 그릭 샐러드

여름이 깊어 갈수록 주방을 뜨겁게 달구는 것이 벅차다. 이럴 땐 불을 쓰지 않고도 펼칠 수 있는 근사한 요리 한 접시가 절실하다. 지천엔 시절의 풍요가 널렸다. 과일과 채소를 날것으로 성큼 베어 먹었을 뿐인데 옹골진 포만감으로 배가 부르다. 여름을 한 접시에 담는다. 소금에 절인 올리브와 짭조름한 페타치즈, 상큼한 오이와 달콤한 방울토마토가 차지키 소스 사이로 질펀하게 스며든다. 입안엔 상쾌한 허브 향이 퍼져 나간다.

차지키 소스

1 오이는 채 썰어 소금에 10분 이상 절인 뒤 물기를 꼭 짜내고 잘게 다진다.
2 볼에 그릭 요거트와 다진 오이, 다진 마늘, 딜 가루(또는 다진 딜), 레몬즙과 꿀을 넣고 섞는다. 소금과 후추로 간을 맞춘다.

그릭 샐러드

1 샐러드 접시를 준비하고 페타치즈와 올리브, 오이와 방울토마토를 먹기 좋은 크기로 잘라 취향껏 담는다.
2 차지키 소스를 얹어 살며시 버무려 즐긴다.

* 차지키 소스는 요거트에 오이, 마늘, 향신료 등을 넣어 만든 그리스 전통 소스예요.

재료(한 접시 분량)
페타치즈 50g
올리브 50g
오이 1/2개
방울토마토 50g
바질 잎 약간

차지키 소스
그릭 요거트 150g
다진 오이 50g(1/3개 분량)
소금 1작은술
다진 마늘 10g
딜 가루 1작은술 또는 후레시 딜 한 줌
레몬즙(1/8개 분량)
꿀 10g
후추 약간

Pairing

피노 블랑 2019 Pinot Blanc 2019, 갱글링거 Ginglinger
담백한 그릭 샐러드엔 중성적인 화이트 와인이 잘 어울린다. 갱글링거의 〈피노 블랑〉은 뉴트럴하며 산미가 좋아 샐러드와 함께 곁들이면 제격이다.

#12

오이 딜 샌드위치

여름의 문턱에서 부쩍 잦아든 비 소식. 촉촉하게 젖은 옥상 정원에 오른다. 간밤 내린 빗줄기에 통통하게 물이 오른 딜을 줄기째 뜯는다. 잎사귀에 손이 닿을 때마다 초여름의 옅은 향기가 손가락 틈새로 스민다. 싱그러운 딜을 드레싱에 버무려 아삭한 오이와 함께 빵 사이에 쌓는다. 샌드위치를 조각내자 여름의 단면이 드러난다. 시드르 한 모금에 입천장과 혀끝으로 피어나는 기포는 여름을 위한 축배다. 여름이 성큼 다가와 있다.

재료(샌드위치 2개 분량)
오이 1/2개
식빵 4장

샌드위치 드레싱
크림치즈 60g
마요네즈 20g
꿀 10g
레몬즙(1/8개 분량)
딜 2g
소금 1/4작은술
후추 약간

1 상온에서 녹인 크림치즈에 마요네즈와 꿀을 넣고 부드럽게 풀어준 뒤 잘게 다진 딜, 소금과 후추, 레몬즙을 함께 섞는다.
2 두 장의 식빵 한 면에 각각 크림치즈 드레싱을 펴 바르고 얇게 슬라이스한 오이를 식빵 사이로 두세 겹 쌓는다.
3 식빵 가장자리를 정리하고 먹기 좋은 크기로 잘라 접시에 담는다.

Pairing

리슬링 나뛰흐 2018 Riesling Nature 2018, 반바흐트 Bannwarth
수분을 가득 머금은 아삭한 오이가 〈리슬링 나뛰흐〉가 지닌 특유의 산미와 만나 감칠맛을 선사할 것이다. 상쾌한 딜 향기가 입안에 퍼져 나가며 환상적인 페어링을 뽐낸다.

#13

오이 편수

편수片水는 물 위에 조각이 떠 있는 모양과 같다 하여 붙여진 이름으로 여름에 빚어 먹는 네모진 모양의 만두다. 겨울에 즐기는 만두와는 다르게 차갑고 담백하다. 소금에 절인 오이의 오도독한 식감과 불고기의 풍미가 얇은 만두피 속으로 조화롭게 뒤섞인다. 고슬고슬한 쌀밥에 불고기 한 점을 올려 오이 찬을 곁들이는 훌륭한 한 끼 식사가 연상된다. 반주가 절로 떠오르는 맛이다. 얼음장처럼 차가운 계곡물에 편수 모양의 배를 띄워 상쾌한 나들이라도 다녀온 기분이다. 산수화 한 폭의 뱃놀이를 노니는 한량처럼 말이다.

재료(15개 분량)
소고기 목심 또는-앞다리살 300g
오이 300g
소금 1작은술
만두피 15장
통깨 10g

불고기 소스
간장 20ml
설탕 10g
사과즙 10ml
마늘 5g
청주 5ml
참기름 5ml
후추 적당량

1 오이는 원형으로 얇게 채 썬 뒤, 소금에 버무려 10분 이상 숨을 죽인다.
2 준비한 볼에 소스 재료를 한데 섞고 불고기를 넣어 양념이 배도록 주무른다.
3 강불로 달군 팬에 기름을 두르고 2의 불고기를 5분간 볶은 뒤 그릇에 옮겨 담아 한풀 식힌다.
4 1의 오이를 양손으로 움켜쥐고 물기를 짜낸 뒤, 3의 불고기와 통깨를 넣고 섞는다.
5 만두피에 4의 만두소를 넣고 네모지게(* 오른쪽 사진 참고) 빚는다.
6 찜통에 10분간 찐 뒤 접시에 담는다.

Pairing

영스터 화이트 2020 Youngster White 2020, 밀란 네스타레츠 Milan Nestarec
밀란 네스타레츠의 〈영스터 화이트〉는 어느 요리에 곁들여도 잘 어울리는 뉴트럴한 풍미와 깃털처럼 보송보송한 미감을 지니고 있다. 사과나 배가 지닌 단단한 과실 향이 인상적이므로 가볍게 매칭하기 좋다.

#14

명란젓 콜드 파스타

바야흐로 차가운 요리를 가장 맛있게 먹을 수 있는 계절이다. 이 차가운 한 접시엔 동양과 서양, 샐러드와 파스타가 모두 담겼다. 간장과 올리브유를 섞은 드레싱, 푸성귀와 햇과일 그리고 면이 혼재된 크로스오버. 감칠맛 도는 명란젓을 더하면 여름의 전야제가 일단락된다. 왼손엔 숟가락을, 오른손엔 포크를 들어 화합의 축제를 즐긴다.

재료(1인분)
스파게티 면 80g
루콜라 30g
적양파 1/4개
방울토마토 6개
명란젓 60g

드레싱
올리브유 30ml
간장 10ml
레몬즙 5ml
꿀 5g
다진 마늘 3g
다진 깨 3g
후추 약간

1 스파게티 면은 끓는 물에 8-10분 삶아 채반에 받쳐 물기를 뺀다.
2 면을 트레이나 쟁반 위에 펼치듯 널고, 올리브유와 후추를 적당량을 뿌려 면이 서로 달라붙지 않게 섞는다.
3 루콜라는 흐르는 물에 깨끗이 씻어 물기를 제거하고, 적양파는 채 썬다. 방울토마토는 슬라이스한다.
4 명란젓은 껍질 막을 제거한 뒤 볼에 따로 담아 둔다.
5 볼에 드레싱 재료를 넣고 잘 섞는다.
6 2의 파스타 면과 5의 드레싱을 넣고 버무려 준비한다.
7 준비한 그릇에 6의 파스타를 담은 뒤 4의 손질해둔 명란젓을 얹는다.
8 루콜라와 적양파, 토마토를 파스타 위로 골고루 토핑하여 마무리한다.

Pairing

고르다 블랑카 2018 Gorda Blanca 2018, 루이 앙투안 루이 Louis-Antoine Luyt

고소한 감칠맛이 돋보이는 이 요리에는 훈연 향과 패션프루트의 아로마가 돋보이는 〈고르다 블랑카〉가 잘 어울린다. 부르고뉴 출신의 루이 앙투안이 칠레에 정착하여 만든 칠레산 화이트 와인으로, 250년이 넘은 포도밭에서 어떠한 화학 물질도 첨가하지 않고 기계의 도움 없이 손으로 포도를 재배하고 수확한다. 오랜 시간을 버텨온 포도나무의 강인한 생명력이 싱그러운 산미와 특유의 향취로 되살아난다.

#15

리코타치즈 수박 큐브

부엌에서는 때로 예술가의 아틀리에를 방불케 하는 창의성을 필요로 한다. 타성에 젖은 손놀림에 비해 혀와 코의 감각이 늘 앞서기 때문이다. 이탈리아의 국기를 형상화한 카프레제 샐러드가 식상하다면, 과감하게 고개를 돌려 보자. 눈앞엔 토마토가 아닌 수박이, 후레시 모차렐라치즈 대신 리코타치즈가 있다. 바질은 여름 내 나의 작은 정원에서 빛난다. 풍부한 과즙, 순백의 담백함, 향긋한 허브의 조합은 언제나 옳다.

재료(한 접시 분량)
수박 150g
리코타치즈 50g
올리브유, 소금, 바질-적당량

1. 수박은 3-4cm 크기의 큐브 형태로 자르고 샐러드 접시에 담아 준비한다.
2. 티스푼을 사용해 리코타치즈를 한 스푼씩 수박 큐브 위에 얹는다.
3. 고운 소금을 뿌려 간을 맞춘 뒤 올리브유를 살짝 뿌린다.
4. 바질 잎을 얹어 마무리한다.

Pairing

미셀라 2018 Miscela 2018, 라미디아 Lammidia
담백한 리코타치즈와 과즙이 가득한 수박엔 가볍게 즐길 수 있는 라미디아의 〈미셀라〉가 좋다. 마치 수박과 같은 과실의 풍미를 지니고 있기 때문이다. 리코타치즈와 수박의 조합은 마치 〈미셀라〉를 위한 페어링인 듯하다.

더위에 지친 몸을 깨우는 한 그릇

"

여름의 네 번째 절기인 하지가 도래하면 본격적인 여름에 이른다.
음습한 땅속으로는 봄의 생기와 여름의 활력이 응축된 감자가 태양빛과의 랑데부를 기다리며 숨죽여 있다. 땅에서 막 뽑아 올린 햇감자가 뙤약볕 아래 반투명한 속살을 뽐내며 알알이 빛난다.
더할 나위 없이 푸르고 산뜻한 수숫잎이 유연한 곡선을 그리며 초여름의 미풍에 바스락댄다.
온전한 여름을 만나는 시간이다.

"

성게알 밥전

완두콩 퓌레 오리가슴살 스테이크

차지키 소스 가지 튀김

한치 리소토

닭가슴살 잣 국물탕

홍고추 페이스트 민어전

명란젓 감자전

고추장 소스 장어 구이

청사과 시나몬 조림

#16

성게알 밥전

성게알은 '바닷속의 버터'라 불릴 만큼 풍미를 뽐낸다. 부드럽고 고소하며 눅진하다. 시원한 바다 향이 담긴 밀도 높은 포만감에 곧 들이닥칠 무더위가 달갑다.

1 밥을 지은 뒤 한풀 식혀 동그랗고 납작하게 빚는다.
2 중불에 달군 팬에 버터를 넉넉히 두르고 1의 밥을 앞뒤로 노릇노릇하게 굽는다.
3 접시에 김을 깔고 밥전을 하나씩 올린다.
4 마요네즈와 고추냉이를 섞은 드레싱을 밥전 위에 1작은술씩 얹고 성게알을 적당량 올린다.
5 검은깨를 뿌려 마무리한다.

재료(한 접시 분량)
쌀밥 100g
시판 조미김 6-7장
검은깨 약간
성게알 30g

마요네즈 소스
버터 20g
마요네즈 15g
고추냉이 5g

Pairing

아흐모니 2010 Harmonie 2010, **프랭크 파스칼** Franck Pascal

프랭크 파스칼의 〈아흐모니〉는 블랑 드 누아Blanc de noirs 스타일로, 피노 누아의 골격이 돋보이면서도 산미가 도드라진 샴페인이다. 샴페인의 바삭거리는 기포감과 누룽지처럼 구워진 밥전의 조화는 상상만으로도 즐겁다. 그 사이로 성게알의 감칠맛 또한 조화롭게 아우를 것이다.

#17

완두콩 퓌레 오리가슴살 스테이크

퓌레는 요리의 기본적인 맛을 내는 재료다. 그릇이 팔레트라고 한다면 퓌레는 물감에 가깝다. 여름의 문턱에 다다른 계절의 빛깔은 청아한 초록으로 넘실댄다. 여름의 햇살과 기쁨의 랑데부를 즐기는 신록의 풋풋함을 완두콩처럼 오롯이 머금은 채소가 있을까? 달큼하고도 촉촉한 완두콩 퓌레가 밀도 높은 오리가슴살의 육질을 부드럽게 감싼다. 초록으로 물든 식탁에 생기가 되살아난다.

재료(한 접시 분량)
오리고기 가슴살 한 덩이 (약 250g)
다진 마늘 10g
청주 10ml
소금 1/2작은술
후추 약간
토핑용 로즈메리 한 줌, 완두콩 몇 알

완두콩 퓌레
완두콩 100g
올리브유 50ml
꿀 5g
소금 1/2작은술
후추 약간

완두콩 퓌레

1 끓는 물에 10-15분 삶은 완두콩을 채반에 받쳐 물기를 빼고 한풀 식힌 뒤, 껍질을 제거한다.
2 껍질을 깐 완두콩을 푸드 프로세서에 넣고 곱게 간다.
3 볼에 2를 옮겨 담은 뒤 올리브유와 꿀, 소금과 후추를 넣고 부드럽게 섞는다.

오리 스테이크

1 오리가슴살 껍질 부분에 칼집을 낸 뒤, 다진 마늘과 청주, 소금과 후추로 30분 이상 마리네이드한다.
2 강불로 달군 팬에 기름을 살짝 두르고 오리 껍질이 아래로 가게 2-3분 구운 뒤, 뒤집어서 5분간 굽는다. 이때 로즈메리를 넣어 향을 입힌다.
3 180도로 예열한 오븐에 2의 오리 고기를 넣고 10-15분간 익힌다.
4 완두콩 퓌레를 넓게 펴 바른 접시 위에 오리 스테이크를 썰어서 올린다.
5 완두콩 알갱이와 로즈메리로 장식한다.

Pairing

세 레 하 데 샹 2016 C'est Les Rats des Champs 2016, **샹 리브흐** Les Champs Libres

〈세 레 하 데 샹〉은 론 지역의 시라Syrah 품종으로 경쾌한 타닌감이 특징이다. 발랄한 산미가 돋보여 촉촉한 오리가슴살과 부드러운 완두콩 퓌레의 묵직한 식감을 조화롭게 이끌며 기름진 육류의 뒷맛을 담백하게 마무리 짓는다.

#18

차지키 소스 가지 튀김

겉은 단단하지만 속은 부드러운 가지의 결을 그대로 살려 그릇에 담는다. 가지 튀김의 바삭한 튀김옷 사이로 흐물거리는 속살이 입안에서 눈 녹듯 사라진다. 차갑고 담백한 차지키 소스가 뜨겁고 기름진 가지 튀김과 다시 한번 대조를 이룬다.

재료(한 접시 분량)
가지 1개(100g)
빵가루 30g
그라노파다노치즈 30g
파슬리 가루 10g
달걀 1개
소금, 후추 약간씩

1 가지는 약 2cm 두께로 어슷썰기한 뒤 올리브유를 묻혀 소금과 후추로 밑간한다.
2 조리용 트레이나 쟁반에 빵가루와 파슬리 가루, 그라노파다노치즈를 갈아 넣고 섞는다.
3 달걀을 풀어 가지를 적신 뒤, 2의 크러스트를 골고루 묻힌다.
4 중불로 충분히 예열한 기름 솥에 3의 가지를 넣고 겉면이 낙엽색을 띠기 시작하면 솥에서 건져 키친타월에 올려 기름을 뺀다.
5 완성된 가지 튀김을 접시에 옮겨 담고 차지키 소스*와 곁들인다.

* 차지키 소스 재료와 만드는 법은 162p의 **차지키 그릭 샐러드** 편을 참고해주세요.

Pairing

드 라 콜린 2019 Biere Vivante De La Colline 2019, **부아홍** Brasserie des Voirons Biere

바삭한 튀김 속에 가지의 무른 속살이 녹아든다. 여기에 달콤 쌉싸름하며 감칠맛까지 지닌 〈드 라 콜린〉을 더하면 요리와 술이 지닌 고유의 맛이 증폭된다.

#19

한치 리소토

가볍고 경쾌하며 부드럽다. 입속에 오물거리자 풀어지는 담백한 맛이 일품이다. 남녘의 바다에서 제철을 맞은 한치를 두고, "한치가 쌀밥이면 오징어는 보리밥이다"라고 하는 제주도 속담처럼 한치를 곁들인 요리 앞에선 '융숭하다'라는 표현이 절로 떠오른다.

재료(한 접시 분량)
한치 3마리
양파 100g
다진 마늘 10g
소금 1/2작은술
쌀 100g
물 300ml
토마토소스 200g
올리브유 적당량
올리브 20g
레몬 1/2개

1 쌀은 깨끗이 씻은 뒤, 물에 담가 30분 이상 불린다.
2 한치는 내장과 뼈, 껍질을 제거하고 흐르는 물에 깨끗이 씻어 준비한다. 이때 몸통과 다리를 분리한다.
3 중불로 달군 냄비에 올리브유를 넉넉히 두르고 다진 양파와 다진 마늘을 넣고 볶는다.
4 마늘과 양파가 갈색을 띠면, 한치 다리를 다져 함께 볶다가 토마토소스를 첨가한다.
5 4의 냄비가 끓기 시작하면 불린 쌀과 물 300ml를 넣고 강불로 올려 한풀 끓인다.
6 중불로 낮춰 약 5분간 숟가락으로 내용물을 잘 저으며 익힌 뒤, 뚜껑을 덮고 약불로 낮춰 10분간 더 끓인다.
7 손질한 한치 몸통을 꼬치에 꿰어 올리브유를 바르고 소금과 후추로 간을 맞춘 뒤 180도로 예열한 오븐에 5분 굽는다.
8 리소토가 익었으면 올리브를 넣고 잘 섞은 뒤 준비한 접시에 넓게 펴 담는다.
9 7의 한치 구이를 리소토 위에 올리고 레몬과 곁들인다.

Pairing

다미지아나 로사토 2018 Damigiana Rosato 2018, 라바스코 Rabasco

〈다미지아나〉는 섬세한 타닌감과 신선한 산미로 가득한 로제 와인이다. 한치의 부드러운 식감과 잘 어울리며, 산뜻한 아로마로 휘감는 목넘김은 한층 두터운 집중도를 선사한다.

#20

닭가슴살 잣 국물탕

'큰 더위'라는 의미를 지닌 대서大暑가 다가올 무렵이면 삼복더위가 기승을 부린다. 여름의 절기는 막바지에 이르렀으나 가을의 서늘한 기운이 전해 올 기미가 보이지 않는다. 폭염을 등에 업은 '복날'이 건재하기 때문이다.

'삼복三伏'은 기승하는 무더위라는 뜻으로 기력이 쇠한 사람이 개처럼 엎드려 있는 모양을 형상화한 것이다. 이는 더위에 지친 사람들에게 경각심을 일깨워주는 지표가 된다. 이 무렵, 사람들은 각자의 방식대로 몸을 다스린다.

월력의 절기에 자연 현상과 어긋나는 오류를 삼복으로 보강한 선인들의 지혜가 있다면, 여기엔 '보양의 맛'을 응축한 손쉬운 레시피가 있다. 한 마리의 닭과 뜨거운 솥 없이도 구현할 수 있는 보양의 맛을 차갑고 단순하며 근사하게 즐긴다. 곁들인 와인 한 잔은 인삼주에 버금가는 탄력으로 입안을 감싼다.

재료(한 접시 분량)
닭가슴살 100g
순두부 35g
물 150ml
잣 15g
꿀 3g
소금 약간

1 블렌더에 순두부와 물, 잣을 넣고 곱게 간다.
2 1의 국물에 소금과 꿀을 넣어 간을 맞춘다.
3 오목한 그릇을 준비하고 그릇 가운데에 닭가슴살을 손으로 찢어 탑처럼 쌓은 뒤 2의 잣 국물을 붓는다.
4 잣과 검은깨를 토핑해 완성한다.

⊕ Pairing

피노 누아 2018 Pinot Noir 2018, 다니엘 브란트 Daniel Brand
촉촉한 닭가슴살과 고소한 잣의 만남에는 섬세하면서도 라이트한 와인이 잘 어울린다. 독일에서 생산된 〈피노 누아〉는 깨끗하고 상쾌한 목넘김이 특징이다.

#21

홍고추 페이스트 민어전

민어는 이웃을 불러들이는 생선이다. 크기가 클수록 그 맛이 좋기 때문이다. 여름의 끝자락에 한아름 물이 오른 민어 한 마리를 손질하면 기름진 뱃살과 쫀득한 부레, 두툼한 필렛을 얻을 수 있다. 얼마간 숙성을 거쳐 날것의 횟감으로 즐겨도 손색없지만, 살코기를 편으로 썰어 전으로 부쳐 먹기도 한다. 민어의 풍만함이 건네는 선물이다.
저무는 여름처럼 검붉게 물든 홍고추를 다져 민어전과 곁들인다. 알싸한 단맛이 담백한 민어의 살결을 파고든다. 홍고추처럼 뜨거우며 민어처럼 풍만한 여름을 보내는 중이다.

재료(한 접시 분량)
민어 150g
부침 가루 30g
파슬리 가루 5g
달걀 1개
소금 1/2작은술
후추 적당량

홍고추 페이스트
홍고추 30g
다진 마늘 5g
고수 10g
레몬즙(1/4개 분량)
커리 가루 1/2작은술
올리브유 5ml
꿀 3g
소금, 후추 약간씩

1. 푸드 프로세서에 꼭지와 속을 정리한 홍고추, 다진 마늘, 고수를 넣고 간다.
2. 볼에 1의 내용물을 옮겨 담고 레몬즙과 올리브유, 커리 가루와 꿀을 넣고 한데 섞는다. 소금과 후추로 간을 맞춘다.
3. 민어는 2-3cm 두께로 포를 뜨고 소금과 후추로 밑간을 한다.
4. 부침 가루에 파슬리 가루를 섞어 포 뜬 민어에 골고루 묻힌다.
5. 달걀을 풀어 4의 민어를 충분히 적신 뒤, 중약불로 달군 팬에 앞뒤로 굽는다.
6. 접시에 옮겨 담은 민어에 2의 드레싱을 듬뿍 끼얹어 완성한다.

Pairing

람부르스코 2017 Lambrusco 2017, 포데레 마지아 Podere Magia
풍부한 맛을 지닌 민어전에는 이탈리아 레드 펫낫인 〈람부르스코〉가 제격이다. 감미로운 와인의 아로마가 홍고추 페이스트의 매운 기운을 중화시키며 기분 좋은 산미와 목넘김으로 촉촉한 민어의 속살을 파고들 것이다.

#22

명란젓 감자전

여름의 네 번째 절기인 하지가 도래하면 본격적인 여름에 이른다. 음습한 땅속으로는 봄의 생기와 여름의 활력이 응축된 감자가 태양빛과의 랑데부를 기다리며 숨죽여 있다. 땅에서 막 뽑아 올린 햇감자가 뙤약볕 아래 반투명한 속살을 뽐내며 알알이 빛난다. 더할 나위 없이 푸르고 산듯한 수숫잎이 유연한 곡선을 그리며 초여름의 미풍에 바스락댄다. 온전한 여름을 만나는 시간이다. 하지를 전후로 쏟아지는 여름의 햇것들로 식탁은 연일 풍요롭다. 햇감자를 얇게 채 썰어 명란젓을 곁들인다. 담백하고 바삭한 감자 사이로 감칠맛이 파고든다. 마당 한편에 흙투성이 감자가 수북이 쌓여야 비로소 여름이 왔는가 싶다.

1 감자는 흐르는 물에 씻은 뒤 얇게(얇을수록 잘 엉겨 붙는다) 채 친다.
2 명란젓은 껍질 막을 제거하고, 쪽파는 잘게 다진다.
3 볼에 1과 2를 넣고 손으로 내용물이 서로 엉겨 붙을 때까지 치댄다.
4 중불로 달군 팬에 기름을 넉넉히 두른 뒤 3을 얇게 깔고 앞뒤로 부친다.
5 강불로 불을 올려 바삭하게 튀기듯 구운 뒤 준비한 그릇에 담는다.

재료(중간 크기 전 2장 분량)
감자 300g
명란젓 한 덩이 60-80g
쪽파 4-5줄기

Pairing

브뤼 나뛰흐 2015 Brut Nature 2015, **바란코 오스쿠로** Barranco Oscuro
짭조름한 명란젓과 담백한 감자전의 조합은 이미 완벽하다. 여기에 바란코 오스쿠로의 미네랄 가득한 스파클링 와인을 곁들인다면, 이보다 좋을 수 없다.

#23

고추장 소스 장어 구이

계절의 변환점에서 기름진 상큼함으로 몸을 채워 나간다. 가을로 나아가기 위한 일상의 의식이다. 매실청을 듬뿍 섞은 고추장 소스 아래 장어가 고소한 열기를 뿜어낸다. 자연스레 발효된 청량한 달콤함에 무더위와 장마에 얼룩진 여름의 피로가 씻겨 내려간다. 살며시 휘어진 장어 꼬리가 여름의 초입으로 돌아가려는 듯하다. 사그라드는 여름이 벌써 그립다.

재료(한 접시 분량)
장어 1마리(손질한 것) - 약 350g
소금, 후추 약간씩
깻잎 2-3장
매실장아찌 적당량
통깨 적당량

고추장 소스
고추장 50g
매실청 30g
청주 10ml
다진 마늘 10g
생강가루 5g
후추 약간

1 오븐 용기에 손질한 장어를 껍질 부분이 아래로 향하게 얹고 소금과 후추로 밑간을 한다.
2 180도로 예열한 오븐에서 약 5분 초벌한다.
3 고추장 소스 재료를 볼에 넣고 잘 섞는다.
4 초벌한 장어를 오븐에서 꺼내 고추장 소스를 윗 부분에 넉넉히 펴 바른 뒤 10분간 더 굽는다.
5 깻잎은 반으로 자르고 0.1cm 두께로 얇게 채 썬다.
6 매실장아찌는 초승달 모양으로 자른다.
7 완성된 장어 구이를 2-3cm의 크기로 잘라 접시에 가지런히 얹고 6의 매실장아찌와 채 썬 깻잎을 올린다.
8 깨를 뿌려 마무리한다.

Pairing

앙레브망 드망데 2017 Enlevement Demande 2017, 니콜라 호 Nicolas Reau

카베르네 프랑Cabernet Franc의 뉘앙스가 짙은 〈앙레브망 드망데〉는 고추장 베이스의 요리와 유독 잘 어울린다. 고운 타닌감 또한 장어의 텍스처와 훌륭한 조화를 이루며, 부드러운 산미는 장어의 기름진 뉘앙스를 중화시킨다.

#24

청사과 시나몬 조림

'수미상관'이라는 말이 있다. 머리와 꼬리, 처음과 끝이 서로 이어지게 구성하는 작법이다. 여름이 한 편의 시라면, 완두콩으로 문을 열어 푸른 사과로 완결 짓는다. 여름의 그림자가 완전히 소멸되지 않은 미풍 속으로 이따금 찬바람이 섞여 올 즈음이면, 나는 늘 그래왔듯 흘러간 여름을 무척이나 그리워할 것만 같다.

재료(한 접시 분량)
청사과 2개
머스코바도 설탕 30g
시나몬 가루 10g
레몬즙(1/8개 분량)
계피 조각 5g
장식용 통계피 2개

1 사과 한 개의 속과 씨앗을 제거한 뒤, 1cm 크기의 큐브 형태로 썰어 준비한다.
2 냄비에 1의 사과와 머스코바도 설탕, 시나몬 가루, 레몬즙, 계피 조각을 넣고 강불에서 1분, 중불에서 1분, 약불에서 1분 졸인다.
3 다른 한 개의 사과는 윗부분을 2-3cm 가량 자르고 2cm 두께의 겉면을 유지하면서 속을 파낸다.
4 3의 사과 속에 2의 사과 조림을 붓고, 통계피를 꽂아 장식한다.

Pairing

당봉본 블랑 2017 En Bonbonne 2017, 프랑수아 블랑샤흐 François Blanchard
〈당봉본 블랑〉은 산화로 숙성된 뉘앙스와 과실의 단맛이 공존하는 복합적인 와인이다. 여름 사과의 상큼한 풋내가 풍부한 아로마가 감도는 와인 속에서 충분히 발현될 것이다.

Autumn

낮과 밤의 길이가 같아지는 시절은 24절기 중 두 번 찾아온다. 따스한 봄볕이 내려앉은 '춘분'과 가을의 절정에 다다른 '추분'이다. 춘분점에 걸친 태양이 낮을 향해 태양의 꼬리를 기다랗게 늘어트린다면, 추분을 기점으로 밤이 점점 길어진다.

가을이 되면 통상 '추석'을 맞이하는데, 달빛이 가장 좋은 '가을의 한가운데'에서 지천에 널린 풍요로운 먹거리를 소중한 사람들과 함께 나누며 시간을 보내기도 한다.

곧, 누렇게 쇠한 한해살이 잔해가 들판에 나부낀다. 징글맞게 솟아오르던 잡초조차 한풀 기가 꺾였는지 아무렇게나 휘갈긴 생채기 틈으로 알싸한 생기가 묻어나지 않는다. 서리가 내리는 상강이 되면 들녘은 소강상태를 맞이한다. 갈무리가 끝난 들판엔 쭉정이만 남은 나뭇가지가 쌓여 가고, 황금빛 볏단은 새하얀 비닐 속에 돌돌 말린 채 논 한가운데에서 마치 거대한 마시멜로처럼 겨울을 보낸다.

나의 작은 숲도 계절의 변화를 확연히 드러내기 시작한다. 허브 군락은 씨방을 빼곡하게 맺은 채 건조한 가을의 대기 속에서 바짝 말라가고, 싱그러운 잎사귀는 노랗고 붉게 물들어 간다. 뿌리로 겨울을 나는 다년생 식물은 여전히 건재하다는 듯 꽃과 새순을 틔우기도 한다.

깊어 가는 계절, 가을걷이로 풍요로운 식탁 위에 모여 온기를 나눈다. 그윽한 미풍과 향기로운 여름의 풀 냄새가 그리울 법도 하지만, 식탁 위로 오렌지 와인이 오른다면 얘기가 달라진다. 가을의 농후한 색채와 중후한 향기를 오롯이 머금은 물결은 풍요로 가득 찬 가을의 식탁을 한층 두텁게 감싸 안을 것이다.

가을, 풍요로운 계절의 맛

"
여름의 끝자락에서 검붉게 물들어 가는 무화과는 가을을 일상으로 끌어오는 매개다.
싱그러운 초록빛이 맴도는 겉껍질을 타고 여름의 잔상이 아른거리는 듯하나,
속을 가르면 탐스럽게 농익은 가을의 향기가 코끝을 적신다.
계절의 경계에서 무화과를 관망하며 여름을 흘려보내는 아쉬움과 가을을 맞이하는 설렘이 교차한다.
"

무화과 춘권피 타르트

다래 보코치니치즈 샐러드

샤인 머스캣 크림치즈 견과류 볼

밤 버터 구이와 풋대추, 미니사과를 곁들인 치즈 플래터

#1

무화과 춘권피 타르트

여름의 끝자락에서 검붉게 물들어 가는 무화과는 가을을 일상으로 끌어오는 매개다. 싱그러운 초록빛이 맴도는 겉껍질을 타고 여름의 잔상이 아른거리는 듯하나, 속을 가르면 탐스럽게 농익은 가을의 향기가 코끝을 적신다. 계절의 경계에서 무화과를 관망하며 여름을 흘려보내는 아쉬움과 가을을 맞이하는 설렘이 교차한다.
바삭하게 구운 춘권피 쉘 사이로 신선한 우유 향이 풍기는 크림을 듬뿍 채운다. 손쉽게 조각낸 과육 틈바구니에서 노랗고 붉은 무화과 속살이 돌아온 시절과 랑데부한다. 가을의 문턱에서 한 송이 오롯한 꽃을 삼키는 계절의 호사를 누린다. 입안엔 무화과 꽃이 비로소 피어난다.

재료(한 접시 분량)
춘권피 6장
꿀 적당량
달걀 1개
마스카르포네치즈 100g
무화과 3-4개

준비 도구
머핀 틀

1 춘권피는 4등분한 뒤 2-3장씩 겹쳐 머핀 틀에 맞게 성형한다.
2 붓을 사용해 춘권피 겉면에 달걀 물을 골고루 바른 뒤 180도로 예열한 오븐에서 약 5분간 굽는다.
3 머핀 틀에서 분리한 춘권피를 충분히 식힌다.
4 무화과는 4등분, 또는 2등분한다.
5 춘권피 쉘 속에 꿀을 한 바퀴 돌려 넣고 마스카르포네치즈를 적당량 담는다.
6 마스카르포네치즈 위로 조각난 무화과를 올려 완성한다.

Pairing

샤르도네 2018 Chardonnay 2018, 루시 콜롬방 Lucie Colombain
춘권피의 바삭함이 〈샤르도네〉의 산미로 녹아든다. 고소한 치즈와 달콤한 무화과의 조합은 '볼라틸 뉘앙스(휘발성 짙은)'가 살아 있는 와인과 완벽한 궁합을 이룬다.

#2

다래 보코치니치즈 샐러드

봄날의 고로쇠 수액, 여름의 산딸기, 겨울 유자. 한철 잠깐 모습을 비쳤다 금세 자취를 감추는 계절의 산물이다. 가을에 나는 다래도 마찬가지다.

다래를 처음 맛보았던 기억은 여전히 생생한 충격으로 남아 있다. 영원토록 무성하게 뻗어 나갈 것만 같던 녹음이 한풀 시들해진 가을의 초입, 한나절이 꼬박 소요되는 산행에서 아버지와 함께 계곡을 따라 내려오는 길이었다. 어느 지점에 다다르자 아버지는 익숙한 솜씨로 나뭇가지에 주렁주렁 매달린 다래를 한 줌 따다 지친 기력이 역력한 내게 건넸다. 낙엽 부스러기와 흙 따위가 묻은 정체불명의 열매라니, 불현듯 짜증이 솟구쳤다. 아버지는 말없이 다래를 입에 털어 넣고 상쾌한 표정을 짓는다. 아버지의 입가에서는 익숙한 향기가 새어 나오고 있었다. 상큼한 키위의 바로 그 냄새다. 나는 멋쩍은 듯 퉁명한 표정을 지으며 마지못해 다래를 깨물었다. 있는 그대로의 날것이 지닌, 살아 있는 맛이었다. 이빨 자국을 따라 비친 다래 속 작은 세계는 신비로우며 아름다웠다. 고된 산행의 여파로 도진 근육통과 갈증은 어느새 사라지고 없었다.

가을이 오면 강원도를 오가며 시장 가판대에 놓인 다래를 굳이 찾아 먹곤 한다. '종'의 원형이 지닌 원초적인 맛의 향연을 놓칠 수 없기 때문이다. 한입에 쏙 들어오는 보코치니치즈와 크기가 비슷한 다래를 한입씩 번갈아 삼키면 먹는 재미가 배가 된다. 다래를 갈아 만든 새콤달콤한 드레싱은 상큼하게 입맛을 돋우며 어떤 잎채소와 곁들여도 환상의 궁합을 선사할 것이다.

재료(한 접시 분량)
다래 3-4개
보코치니치즈 50g

드레싱
다래 8-10개
꿀 2큰술
올리브유 2큰술
소금 약간

1 드레싱에 들어갈 다래는 껍질을 벗긴 뒤 믹서에 갈아 볼에 담는다.
2 1에 올리브유와 꿀, 소금을 넣고 잘 섞어 드레싱을 완성한다.
3 접시를 준비하고, 껍질을 제거한 다래를 2등분하여 올린다.
4 보코치니치즈와 손질한 다래를 번갈아 놓으며 원형으로 배치한다.
5 2의 드레싱을 뿌려 마무리한다.

⊕ Pairing

벨쉬리슬링 밤뷸! 2017 Welschriesling Bambule! 2017, **유디트 벡** Judith Beck
새콤달콤한 다래와 부드러운 보코치니치즈의 조합으로 이미 충분히 좋은 안주가 완성되었다. 여기에 미네랄 가득한 부드러운 와인을 곁들이면 감칠맛이 증폭될 것이다. 〈벨쉬리슬링 밤뷸!〉의 짜릿한 산미는 마치 다래의 기분 좋은 상큼함과 닮았다.

#3

샤인 머스캣 크림치즈 견과류 볼

씨가 없고 껍질째 먹을 수 있는 샤인 머스캣은 퍽 인본주의적인 과일이다. 인공 교배를 통해 뭇사람들의 구미에 맞게 개량되었기 때문이다. 내추럴 와인의 양조 철학이 물질문화의 손길을 최소화하고 자연의 흐름에 순응하는 것이라면, 샤인 머스캣은 이와 대립하는 포도 품종이다.

샤인 머스캣을 한입 아삭 베어 물면 황홀한 향기가 달콤한 과즙을 휘감으며 온몸의 감각이 환희에 휩싸인다. 순간, 행복한 쾌락주의자라도 된 듯한 환상에 사로잡혀 포도주 한 모금을 들이켠다. 고대 그리스인이 일상적으로 즐겼던 와인은 내추럴 와인의 원류일 것이다.

불합리와 모순이 양립하는 세계라면 어렴풋이 알 것도 같다. 희미한 경계에서 열린 태도를 갖고 서로 침범하지 않은 채 받아들이는 것, 지금 이순간에도 삼라만상은 실재와 꿈의 경계를 타고 흐르고 또 흐른다.

1 피스타치오는 껍질을 제거하고 절구로 잘게 빻는다.
2 비닐장갑을 끼고 크림치즈를 적당량 손에 올린 뒤, 샤인 머스캣을 크림치즈로 감싸 치즈볼을 만든다.
3 2의 치즈볼에 피스타치오 가루를 골고루 묻힌다.
4 완성된 치즈볼을 냉장고에 넣어 10분 이상 굳힌 뒤 그릇에 담는다.

재료(작은 한 접시 분량)
샤인 머스캣 6알
크림치즈 100g
피스타치오 적당량

Pairing

크레망 뒤 쥐라 NV Cremant Du Jura NV, **마흔 블랑슈** Des Marnes Blanches
고소한 견과류와 치즈 속에 감추어진 달콤한 샤인 머스캣 과즙이 입속에서 터지는 상상만으로도 기분이 좋아진다. 〈크레망 뒤 쥐라〉는 쥐라에서 생산된 스파클링 와인으로 샴페인 못지않은 맛을 자랑한다. 눅진하고 고소한 풍미가 일품이며 풍부한 과실 향 또한 돋보인다. 요리와 술이 마치 한 쌍이었던 것처럼 서로 닮아 있는 멋진 마리아주를 경험해보길!

#4

밤 버터 구이와 풋대추, 미니사과를 곁들인 치즈 플래터

산길을 걷다 뾰족한 가시가 촘촘하게 돋아난 밤송이가 발아래 밟힌다면, 풋사과처럼 영롱하게 빛나던 대추나무의 열매가 갈색 반점으로 얼룩져 있다면, 가을이 무르익었다는 표식이다. 농부들은 수확 철을 맞이해 고양이 발이라도 빌리고 싶은 마음일 것이다.

와이너리에서는 '햇와인'이 태동하는 시기다. 부르고뉴 지방의 보졸레에서는 이맘때 수확한 포도를 4-6주간 숙성한 뒤 11월 셋째 주 목요일 '보졸레 누보' 축제를 열어 그해 처음 출시한 와인을 선보인다. 포도 수확을 마친 와이너리에서는 해마다 차곡차곡 쌓인 빈티지 와인을 개봉해 축제를 즐긴다. 따가운 볕에 그을린 고된 노동의 순간이 가을의 축제로 번져 나간다.

와이너리의 생생한 현장성을 비록 온전히 즐기지 못해도 도처에 풍요가 널린 이 시절에는 누구나 손쉽게 잔칫상을 펼칠 수 있다. 가을의 햇것과 내가 가장 좋아하는 내추럴 와인 한 병이면 충분하다.

재료(3-4인분)
생앙드레치즈 100g
콩테치즈 50g
고다치즈 50g
(다양한 종류의 치즈 취향껏 준비)
밤 10-15알
풋대추 10알
미니사과 4-5개

1 밤은 흐르는 물에 깨끗이 씻은 뒤 밑동을 따라 일자로 칼집을 내고 180도로 맞춘 에어프라이어에서 15분 조리한다.

2 프라이팬을 중불로 맞추고 버터 한 스푼을 녹인 뒤, 1의 밤을 넣고 버터가 밤 속으로 적당히 스며들 때까지 팬을 굴려 가며 볶는다.

3 나무 도마, 널찍한 접시 등의 플래터를 준비하고 여러 치즈를 먹기 좋은 크기로 자른다.

4 쿠킹 페이퍼에 구운 밤을 담고 소금을 뿌려 플래터에 올린다.

5 미니사과와 풋대추로 플래터를 장식한다.

⊕ Pairing

생 페레 무쉐 NV Saint-Péray Mousseux NV, 샹 리브흐 Les Champs Libres
갖은 요소를 곁들인 치즈 플래터엔 스파클링 와인이 잘 어울린다. 흰꽃, 레몬, 청사과, 허브의 뉘앙스로 기분을 끌어올린다. 산듯한 기포감과 상쾌한 산미의 〈생 페레 무쉐〉 한 잔이라면, 그 누구와 어울려도 즐거울 것이다.

영양 가득 든든한 가을 보양식

"

가을이 오면 바닷속에도 단풍이 진다. 짙고 옅은 여러 빛깔이 야단스레 뒤섞인 홍가리비가
그 주인공이다. 얼마나 화사하면 '단풍 가리비'라는 별칭이 붙었을까.
제법 서늘한 공기가 내려앉은 가을 저녁, 제철을 맞이한 조개를 한 솥 쪄내 초장에 적신다.
먹어도 먹어도 질리지 않는 담백한 감칠맛에 상쾌한 내추럴 와인을 곁들이면
두 볼 또한 가을 단풍처럼 발그레 달아오른다.

"

쪽파 페스토 대하 구이

초장 소스의 홍가리비 찜

꼴뚜기 숙회

안초비 떡볶이

땅콩 소스를 곁들인 양갈비 스테이크

단호박 퓌레 돼지갈비 구이

배를 곁들인 비프 타르타르

배 처트니를 곁들인 LA갈비

#5

쪽파 페스토 대하 구이

축축한 황토 덩어리가 엉킨 쪽파 한 단에 쌉싸래한 가을의 맛이 담겨 있다면 제철을 맞은 대하 속엔 눅진한 단맛이 흘러내린다. 달콤쌉싸래한 가을의 향연이 한 접시에 어우러진다.

재료(2-3인분)
대하 10-13마리
굵은소금 적당량
레몬즙(1/2개 분량)

쪽파 페스토
쪽파 100g
그라노파다노치즈 20g
잣 5g
올리브유 4큰술
꿀 2큰술
마늘 10g(6-7톨 분량)
후추 적당량

1. 올리브유를 두른 팬에 쪽파를 올려 중불에서 굽는다.
2. 푸드 프로세서에 구운 쪽파와 그라노파다노치즈, 잣, 마늘을 넣고 다진다.
3. 2의 내용물을 볼에 옮겨 담고 올리브유와 꿀을 섞어 쪽파 페스토를 완성한다.
4. 팬에 굵은소금을 자작하게 깔고 깨끗이 씻은 대하를 통째로 올려 강불에서 앞뒤로 충분히 익힌다.
5. 구운 새우를 손질해 속살을 발라낸다.
6. 접시에 쪽파 페스토를 깔고 새우를 올린다.
7. 레몬즙과 후추, 치즈를 뿌려 마무리한다.

Pairing

라 룸베라 2018 La Rumbera 2018, 오리올 아르티가스 Oriol Artigas
〈라 룸베라〉는 스페인의 바닷바람을 품은 와인이다. 해풍에 실려 오는 짭조름한 미네랄과 건조한 허브 향기, 흰 후추의 알싸한 맛과 사과와 레몬의 과실 뉘앙스마저 풍기는 이 와인은 새우와 완벽한 마리아주를 자랑한다.

#6

초장 소스 비단 홍가리비 찜

레시피를 구상하는 방법은 여러 가지다. 기존의 것을 참고하기도, 새로운 것을 고안해내기도 한다. 그중 하나는 한국적인 식사법을 다양한 방식으로 변주하는 것이다. '먹고살기 바빴던' 근현대 시절의 식문화는 요리 과정도, 프레젠테이션도 투박함 그 자체였다. 얼핏 보아 구미가 당기지 않을지언정, 그 속엔 한국인의 DNA를 타고 박제된 맛의 본질이 흐르고 있다. 내 사소한 취미는 투박함 속에 감춰진 한국적인 맛을 세련된 방식으로 표현하고 싶은 욕망일 것이다.
가을이 오면 바닷속에도 단풍이 진다. 짙고 옅은 여러 빛깔이 야단스레 뒤섞인 홍가리비가 그 주인공이다. 얼마나 화사하면 '단풍 가리비'라는 별칭이 붙었을까. 제법 서늘한 공기가 내려앉은 가을 저녁, 제철을 맞이한 조개를 한 솥 쪄내 초장에 적신다. 먹어도 먹어도 질리지 않는 담백한 감칠맛에 상쾌한 내추럴 와인을 곁들이면 두 볼 또한 가을 단풍처럼 발그레 달아오른다. 맛의 기억에서 비롯된 레시피 재구성은 늘 기꺼운 작업이다.

재료(한 접시 분량)
비단 홍가리비 1kg
새싹채소 한 줌
케이퍼 20g
토핑용 레몬 제스트-약간

초장 소스
고추장 3큰술
매실액 1큰술
꿀 1큰술
다진 마늘 1큰술
레몬즙(1/2개 분량)

1 가리비는 흐르는 물에 깨끗이 씻은 뒤 찜솥에서 5분간 찐다(가리비 입이 벌어지면 바로 꺼낸다).
2 조개껍데기는 붙어 있는 관자를 떼어낸 뒤, 내장을 제거하고 깨끗이 손질한다.
3 초장 소스 재료를 한데 섞어 준비한다.
4 그릇에 조개껍데기를 놓고, 껍데기마다 초장 소스 1작은술씩 얹는다.
5 4의 껍데기 위로 손질한 관자를 올린다.
6 케이퍼와 레몬 제스트, 새싹채소를 골고루 토핑한다.

Pairing

페스트자 로제 2018 Festejar Rose 2018, **파트릭 부주** Patrick Bouju
〈페스트자 로제〉의 감미로 초장의 매운 기운을 중화시킨다. 통통 튀는 기포감과 은은한 장미 향이 감도는 산미는 가리비의 쫄깃한 식감을 부드럽게 풀어준다.

#7

꼴뚜기 숙회

바닷물이 차가워지기 시작하면 남해와 동해안 연안을 따라 꼴뚜기 어획이 활발해진다. 꼴뚜기는 한입에 쏙 들어오는 크기로 통째 먹으면 재료 본연의 맛을 느낄 수 있다. 맛의 정수를 압축한 분자 요리처럼 오징어 또는 한치가 지닌 그 맛을 꼴뚜기가 오롯이 품고 있는 것이다. 녹진한 고소함이 옹골지게 담긴 꼴뚜기를 한 입 삼켰더니 든든한 포만감에 몸이 부풀어 오르는 것만 같다. 다가오는 겨울 추위에 앞서 매끈하게 살을 찌운다.

재료(에피타이저용 2접시 분량)
꼴뚜기 5-6마리
레몬 1/4개
딜 한 줌

소스
올리브유 2큰술
꿀 1큰술
화이트 와인 식초 1큰술
스리라차 소스 1작은술
소금, 후추 약간씩

1. 꼴뚜기는 뼈와 내장을 제거한 뒤, 소금물에 깨끗이 씻는다(취향에 따라 겉만 소금물에 살짝 헹구어 통째로 데쳐도 무방하다).
2. 손질한 꼴뚜기를 끓는 물에 약 10분간 데쳐 식힌다.
3. 볼에 소스 재료를 한데 넣고 잘 섞어 준비한다.
4. 카나페 접시에 꼴뚜기 숙회 2-3마리를 얹고 소스를 얹는다.
5. 레몬 슬라이스와 딜로 장식한다.

Pairing

블랑 2015 Blanc 2015, 실방 속스 Sylvain Saux
오독오독 씹히는 쫄깃한 꼴뚜기 식감에는 파삭함이 감돌며 산미가 풍기는 화이트 와인이 좋다. 실방 속스의 〈블랑〉이 그렇다. 모과와 레몬, 허브의 뉘앙스로 신선한 페어링을 선사할 것이다.

#8

안초비 떡볶이

달빛이 가장 좋은 밤, 추석이 다가올 무렵이면 어린 시절의 나는 정성껏 추린 햅쌀 한 되를 들고 시장을 향해 총총 달려가곤 했다. 명절을 앞두고 문전성시를 이룬 방앗간은 동네 사람들로 북적였다. 쌀 빻는 기계에선 물에 불린 쌀알이 새하얀 지우개 가루처럼 쉴 새 없이 흘러내렸다. 성근 쌀가루를 반복해 빻을수록 입자가 고와졌다. 내 역할은 거기까지였다. 송편 반죽으로 쓸 쌀가루를 받아 들고 집으로 돌아가야 했지만, 가래떡 뽑는 기계에 그만 시선을 빼앗긴 것이다. 방앗간에 모인 사람들은 김이 모락모락 풍기는 가래떡을 나눠 먹으며 시시콜콜한 잡담을 나눴다. 그 틈에서 맛보는 몰랑몰랑한 가래떡 한 줄기는 천상의 맛이었다.
나는 왠지 모를 희망에 차 있던 얼굴들을 기억한다. 그 얼굴은 마치 가을의 한가운데 밝게 빛나는 보름달의 풍요와 닮아 있었다. 내가 보았던 것은 눈부신 달빛과 보름달처럼 풍요로운 사람들의 미소, 반짝이는 햅쌀의 새하얀 희망이었을 것이다.

1 떡볶이 떡은 끓는 물에 1분 30초 익힌 뒤, 채반에 받쳐 찬물로 헹구고 물기를 뺀다.
2 중불로 달군 팬에 올리브유를 두르고 다진 마늘과 안초비를 볶는다.
3 2의 팬에 1의 떡을 넣고 중약불로 볶는다.
4 준비한 그릇에 떡을 담고, 그라노파다노치즈를 갈아 토핑한다.

재료(1-2인분)
떡볶이 떡 200g
안초비 15g
올리브유 6큰술
다진 마늘 2큰술
후추 적당량
그라노파다노치즈-적당량

Pairing

앙레브망 드망데 2017 Enlevement Demande 2017, **니콜라 호** Nicolas Reau
쫄깃한 가래떡 속에 스민 안초비 특유의 짭조름한 맛은 우리가 흔히 즐기는 고추장 떡볶이와 어딘가 닮았다. 고추장의 짙은 풍미를 상상하며 눅진한 장류의 요리와 잘 어울리는 카베르네 프랑을 곁들인다. 생소한 듯하지만 놀랍게도 흥미로운 페어링이 될 것이다.

#9

땅콩 소스 양갈비 스테이크

가을걷이가 소강상태에 이를 무렵이면 나는 어머니를 따라 논밭 한 귀퉁이에 심은 땅콩을 캐어 올리곤 했다. 한 뿌리의 땅속줄기를 따라 수십, 수백 알의 땅콩이 주렁주렁 딸려 올라오는 손맛은 짜릿했다. 마치 화수분이 쏟아지는 것 같았다. 어머니는 수확의 기쁨을 만끽 중인 나와 사뭇 다르게 흙을 어루만지며 나지막한 목소리로 읊조렸다. "땅에게 미안하다." 봄날 땅속에 심었던 한 알의 땅콩이 수십, 수백 갈래로 퍼져 나가기까지의 지력地力을 보듬은 것이다.
어머니의 그 마음을 헤아릴 것도 같다. 땅콩은 땅에서 캐 올린 버터라 할 만큼 고지방, 고단백 식품이기 때문이다. 볶은 땅콩을 곱게 갈면 갈수록, 고소하고 부드러운 피넛 버터가 된다. 별다른 첨가물 없이도 말이다. 피넛버터에서 영감을 얻은 동남아풍의 땅콩 소스를 양갈비와 곁들인다. 땅콩 소스가 양고기 고유의 냄새를 상쇄시키며 고소한 육향을 증폭시킨다. 한 접시를 비우고 나니, 땅의 기운이 몸에 스민 듯하다. 걸을 때마다 단지 땅을 딛고 선 것이 아닌, 땅 아래 보이지 않는 세계와 맞닿아 있음을 되뇐다.

재료(2-3인분)
양갈비 400g
커민 1큰술
생강가루 1큰술
칠리 파우더 1큰술
올리브유 2큰술
소금, 후추 적당량

땅콩 소스
볶은 땅콩 30g
고수 한 줌
스리라차 소스 1작은술
다진 마늘 1큰술
간장 1큰술
레몬즙 2큰술
꿀 3큰술
올리브유 4큰술
물 4큰술
토핑용 고수 1-2줄기

1 양갈비는 소금과 후추를 뿌려 올리브유로 문지른 뒤 커민과 생강가루, 칠리 파우더를 골고루 묻혀 냉장고에서 30분 이상 숙성한다.
2 강불로 달군 팬에 양고기를 앞뒤로 바짝 구워 180도로 예열한 오븐에서 8-10분간 익힌다.
3 푸드 프로세서에 올리브유를 제외한 땅콩 소스 재료를 모두 넣고 부드럽게 간다.
4 소스볼에 3을 옮겨 담고, 올리브유를 넣어 잘 섞는다.
5 스테이크 접시에 양갈비를 올리고, 땅콩 소스와 곁들인다.
6 고수 잎을 얹어 완성한다.

⊕ Pairing

퀴베 오리진 2015 Cuvée Origine 2015, **샤또 멜레** Château Meylet
되직한 땅콩 소스가 양갈비와 만나 요리의 무게감이 한층 짙어졌다. 여기엔 섬세하고 부드러운 보르도 와인이 좋다. 실크처럼 부드러운 목넘김뿐 아니라 포근하게 감싸는 다채로운 풍미 또한 지니고 있어 더없이 훌륭한 마리아주가 될 것이다.

#10

단호박 퓌레 돼지갈비 구이

여름날 애호박이 지천에 널려 있었다면, 가을은 단호박의 계절이다. 돼지갈비는 밀도 높은 육질 탓에 얇게 저며 양념에 재워 먹곤 하지만 통으로 구우면 본연의 맛을 즐길 수 있다. 두툼하게 자른 갈비에 달콤하고 눅진한 단호박 퓌레를 듬뿍 펴 바른다. 쫄깃한 육질 사이로 단호박 퓌레가 부드럽게 파고든다. 농후한 노란 빛을 띤 화려한 색감에 일찌감치 단풍놀이를 다녀온 것만 같다.

재료(한 접시 분량)
돼지고기 갈비 400g
올리브유 적당량
단호박 200g
양파 100g
생크림 50g
다진 마늘 10g
소금, 후추 적당량
로즈메리 등의-
허브 한 줌

1 돼지갈비에 올리브유를 발라준 뒤, 소금과 후추를 뿌리고 허브를 얹어 30분 이상 냉장고에서 숙성한다.
2 중불로 달군 냄비에 버터를 녹이고 다진 마늘, 껍질과 씨앗을 제거한 단호박과 채 썬 양파를 넣고 내용물이 푹 익을 때까지 볶는다.
3 단호박이 완전히 익으면, 푸드 프로세서에 2의 내용물을 넣고 간다.
4 3을 냄비에 옮겨 담고, 생크림을 넣어 중약불에서 졸인다. 이때 소금과 후추로 간을 맞춘다.
5 돼지갈비는 강불로 달군 팬에서 앞뒤로 바싹하게 구운 뒤, 180도로 예열한 오븐에서 10-15분 익힌 후 래스팅한다.
6 그릇에 4의 단호박 퓌레를 넓게 펴 바르고, 5의 돼지갈비를 얹는다.
7 허브를 곁들여 완성한다.

Pairing

하시가스 2016 Racigas 2016, 레스티냑 Lestignac

기름진 돼지갈비를 부드러운 단호박 퓌레로 감싼 이 요리에는 섬세하고 부드러운 터치의 메를로가 좋다. 특히 〈하시가스〉는 완만한 무게감과 검붉은 과실 향으로 우아한 메를로의 정석을 잘 표현하고 있다.

#11

배를 곁들인 비프 타르타르

비프 타르타르는 한식의 육회와 비슷한 결을 가진 요리다. 육회는 소고기 날것의 맛이 도드라진 음식인 반면, 비프 타르타르는 갖은 재료를 조합한 소스에 생고기를 버무려 다양한 맛 속에 숨은 육향을 즐긴다. 공통 분모는 두 요리 모두 달걀노른자를 곁들인다는 점이다. 한식의 육회는 배 채를 곁들인다. 배는 부드럽고 달콤한 맛으로 음식과 잘 어울린다. 육회의 배 채를 비프 타르타르에 살며시 곁들인다. 동양과 서양이 만나 상생의 조화가 번득인다.

재료(한 접시 분량)
소고기 안심 75g
달걀노른자 1개
배 1/8조각

소스
피클 3g
양파 3g
케이퍼 3g
차이브 3g
레몬즙 1큰술
꿀 1작은술
굴소스 1작은술
타바스코 소스 1작은술
디종 머스터드-
1½큰술
소금, 후추 약간씩

조리 도구
원형틀(생략 가능)

1 소고기 안심은 썰기 편하도록 냉동실에서 약 20분간 얼린다.
2 소스볼을 준비하고 다진 피클과 양파, 차이브와 케이퍼를 비롯한 소스 재료를 넣어 잘 섞는다.
3 냉동실에서 적당히 굳은 안심을 꺼내 큐브 모양으로 잘게 다진다.
4 2의 소스에 다진 안심을 넣고 버무린다.
5 원형 틀에 4의 내용물을 채운 뒤, 접시 가운데에 놓고 모양을 잡는다.
6 채 썬 배를 타르타르 가장자리에 플레이팅한다.
7 마지막으로 달걀노른자를 타르타르 위에 얹어 완성한다.

Pairing

드망슈 뉴욕 2015 Un Dimanche A New York 2015, 르 브히소 Le Briseau
비프 타르타르에는 레드 와인 중에서도 숙성된 뉘앙스가 짙은 와인이 잘 어울린다. 쌩소Cinsault 품종의 <드망슈 뉴욕>은 깊은 숙성도를 표현하고 있다. 차가운 온도에 맞춰 집중도를 높인다면 한층 훌륭한 페어링이 될 것이다.

#12

배 처트니를 곁들인 LA갈비

'양념갈비'는 한국인의 소울푸드인 동시에 세계인의 입맛을 사로잡은 음식이다. 다양한 갈비 요리가 있지만 LA갈비는 횡단면으로 얇게 절단해 먹기 편하고 고기 속까지 양념이 충분히 배어 있어 포화 상태의 감칠맛을 선사한다. 뼈에 붙은 근막 또한 즐길 수 있는, 한식의 슈퍼스타라고 할까.
한국에는 집집마다 다양한 조합의 갈비 양념이 비책처럼 전해 오고 있다. 그 핵심은 간장과 갖은 과일즙의 조합이다. 나는 그중에서도 배를 갈아 넣은 갈비 양념을 선호한다. 황금빛 햇배가 탐스럽게 영근 가을날이면 천연 연육 효소를 얻은 기쁨으로 내 작은 주방은 한층 풍요롭게 빛난다.

재료(2 - 3인분)
LA갈비 500g

갈비 양념
간장 3큰술
설탕 2큰술
간 배(1/4개 분량)
간 양파(1/4개 분량)
다진 마늘 1작은술
생강가루 1작은술
참기름 1큰술
후추 약간

배 처트니
배 100g
생강 10g
설탕 1큰술
홀그레인 머스터드-
1작은술
레몬즙 1작은술

배 처트니

강불로 달군 소스팬에 잘게 다진 배와 생강, 설탕과 홀그레인 머스터드를 넣고 주걱으로 저어준다. 과즙이 자작하게 졸아 들기 시작하면 약불로 줄여 레몬즙을 넣어 섞은 뒤 마무리한다.

1 LA갈비는 찬물에 반나절 이상 담가 핏물을 제거한다.
2 갈비 양념 재료는 잘 섞어주고 갈비를 버무려 냉장고에서 2시간 이상 재운다.
3 강불로 달군 팬에 2의 갈비를 얹어 앞뒤로 구운 뒤, 중약불로 낮춰 충분히 익힌다(양념장에 갈비가 타지 않도록 앞뒤로 뒤집어가며 굽는다).
4 준비한 그릇에 갈비를 옮겨 담고, 다진 쪽파를 뿌린다.
5 배 처트니를 곁들여 완성한다.

Pairing

세 레 하 데 샹 2016 C'est Les Rats des Champs 2016, **샹 리브흐** Les Champs Libres
향신료 가득한 달콤한 LA갈비에는 짙은 보랏빛 계열의 농익은 과실 향이 돋보이는 레드 와인이 좋다. 입안에 잔존하는 육류의 기름진 지방질이 와인이 지닌 산미와 경쾌한 타닌감 속으로 말끔히 씻겨 내려갈 것이다.

풍부한 향취를 머금은 특별식

“

가을이 무르익은 만큼 계절의 향기 또한 절정이다.
중후한 정취가 한 송이 버섯에 가득 차 있다.
가을로 버무린 한 접시에 달콤한 감칠맛이 고소하게 풍긴다.

”

발사믹 소스 무화과 닭다리살 조림

청포도 식초와 배즙을 곁들인 낙지 숙회

표고버섯 떡갈비

노루궁뎅이버섯 튀김

양송이 퀴레 마카로니

콩테치즈 소스 돼지안심 구이

단감 하몽 부라타치즈 샐러드

#13

발사믹 소스 무화과 닭다리살 조림

무화과를 옷감에 비유하면, 천의무봉天衣無縫의 비단에 가깝다. 씹을 겨를도 없이 혀와 입천장 사이로 사르르 녹아내리는 감미로움에 미각이 압도된다.
닭다리살에 무르익은 무화과를 곁들이면 촉촉한 식감이 증폭된다. 무화과의 달콤한 과즙과 부드러운 섬유질이 닭 요리의 살결을 넘나들며 환상의 궁합을 펼친다. 이따금씩 콧등을 자극하는 새콤한 발사믹식초는 닭껍질의 기름진 맛을 상쇄시킨다.

1 닭다리살은 소금과 후추를 뿌린 뒤, 화이트 와인과 다진 마늘에 마리네이드하여 냉장고에서 30분 이상 재운다.
2 강불로 달군 팬에 닭다리살을 앞뒤로 노릇하게 구운 후, 180도로 예열한 오븐에서 약 10분간 더 익힌다.
3 2의 팬에 발사믹식초, 치킨 스톡, 디종 머스터드와 설탕을 넣고 강불에서 한풀 끓인 뒤 중약불로 낮춰 졸인다.
4 3의 팬에 오븐에서 구운 닭다리살을 올리고, 손질한 무화과를 첨가한다.
5 어슷썰기한 대파와 홍고추를 넣고 국물이 자작해질 때까지 더 졸인다.

재료(2 - 3인분)
닭다리살 600g
무화과 300g
다진 마늘 2큰술
화이트 와인 2큰술
소금, 후추 약간씩
대파 1줄기
홍고추 1개
발사믹식초 8큰술
설탕 1큰술
치킨 스톡 분말 1큰술
디종 머스터드 1큰술

Pairing

사바냥 엉 정시야드 2019 Savagnin En Jensillard 2019, 마흔 블랑슈 Domaine des Marnes Blanches
새콤달콤한 소스로 졸여 진한 풍미를 뽐내는 이 요리에는 집중도가 높은 화이트 와인이 잘 어울린다. 〈사바냥 엉 정시야드〉 특유의 견과류 향은 졸인 소스 요리와 궁합이 좋다.

#14

청포도 식초와 배즙을 곁들인 낙지 숙회

'봄 조개 가을 낙지'라는 속담이 있다. 적절한 시기의 적절한 물건을 비유적으로 이르는 말이다. 가을 보양식을 대표하는 낙지를 제철 과일과 함께 즐긴다면 이보다 더 좋을 수 있을까. 계절의 절정에서 당도가 오를 대로 오른 배와 포도를 곁들이는 것이다. 신선한 과일의 달콤한 산도가 탱글탱글한 낙지를 부드럽게 감싼다. 허브 조각이 씹힐 때마다 향긋한 상쾌함이 온몸에 퍼진다. 제철의 맛이 가득 담긴 한 접시가 그야말로 술술 넘어간다.

1 블렌더에 배와 양파를 갈아 볼에 옮겨 담는다.
2 1의 내용물에 올리브유와 청포도 식초, 다진 마늘, 소금과 후추를 넣고 섞는다.
3 낙지는 내장과 입을 제거하고 소금물에 깨끗이 씻은 뒤 끓는 물에 약 30초간 데쳐 채반에서 식힌다.
4 오목한 접시에 2의 드레싱을 넉넉히 뿌린 뒤, 데친 낙지를 먹기 좋은 크기로 잘라 올린다.
5 다진 홍고추와 준비한 허브 잎을 뿌려 마무리한다.

재료(한 접시 분량)
낙지 2마리
배 100g
양파 50g
홍고추 10g
올리브유 4큰술
청포도 식초 2큰술
다진 마늘 1큰술
소금, 후추 적당량
타라곤, 차이브 한 줌씩

Pairing

크레망 달자스 블랑 2016 Cremant d'Alsace Blanc 2016, 반바흐트 Bannwarth
낙지 요리에는 한층 기포감 있는 와인을 곁들이는 것이 좋다. 상큼한 과즙과 낙지의 감칠맛이 잘 어우러진 한 접시에 〈크레망 달자스 블랑〉의 기포감을 더하면 미각이 통통 튀는 짜릿함을 경험할 수 있을 것이다.

#15

표고버섯 떡갈비

표고버섯이 품은 가을의 향기가 떡갈비 사이로 스민다. 맛있는 계절이 풍겨 온다. 표고버섯과 떡갈비의 쫄깃함이 이토록 잘 어울릴 줄이야!

1 표고버섯은 밑동을 제거한 뒤 흐르는 물에 씻은 후 물기를 닦는다.
2 다진 소고기는 볼에 담아 떡갈비 양념을 넣고 치댄다.
3 표고버섯 안쪽에 2의 떡갈비를 적당량 떼어 넣으며 동그랗게 채운다.
4 쿠킹 페이퍼를 깐 오븐 팬에 올리브유를 뿌리고, 떡갈비 소가 위로 향하도록 표고버섯을 놓는다.
5 180도로 예열한 오븐에 7-8분 굽는다.
6 그릇에 표고버섯 떡갈비를 올리고 쿠킹 페이퍼에 흘러내린 채수와 떡갈비 양념도 함께 담는다.
7 그라노파다노치즈를 뿌리고 취향껏 허브를 얹어 완성한다.

재료(한 접시 분량)
표고버섯 300g
다진 소고기 갈비 200g
로즈메리 등의 허브-적당량
그라나파다노치즈-적당량

떡갈비 양념
간장 2큰술
청주 2큰술
설탕 1큰술
다진 마늘 1큰술
후추 적당량

Pairing

부르고뉴 피노 누아 2017 Bourgogne Pinot Noir 2017, **포베트** Domaine des Fauvettes
버섯의 풍성한 향기에 부드러운 떡갈비를 곁들인 한 접시 요리와 잘 어울릴 우아한 피노 누아다. 제비꽃과 붉은 베리의 향이 감돌며 비단처럼 고운 타닌감, 온갖 꽃과 과일이 흐드러진 화려한 풍미로 오감을 자극한다.

#16

노루궁뎅이버섯 튀김

버섯은 향을 즐기는 먹거리다. 가을이 오면 모양도 빛깔도 가지각색인 버섯이 가판대를 앞다투어 장식한다. '노루궁뎅이버섯'은 보드라운 솜털이 나부끼는 환상적인 자태로 시선을 끌고, 쌉싸름한 향과 맛으로 미각을 압도한다. 수분을 가득 머금고 결결이 층을 이룬 섬유질은 훌륭한 육질의 고기 못지않다. 고소한 기름에 겉은 바싹하고 속은 촉촉하게 튀긴 버섯 요리는 소금을 살짝 곁들이는 것만으로도 충분하다. 버섯 고유의 향을 해치지 않기 위함이다.

재료(한 접시 분량)
노루궁뎅이버섯 100g
튀김 가루 50g
물 70ml
소금, 후추, 파슬리 - 각 적당량

1 버섯은 흐르는 물에 깨끗이 씻어 물기를 제거하고 먹기 좋은 크기로 찢는다.
2 준비한 분량의 튀김 가루와 물로 만든 튀김 반죽에 버섯을 넣고 잘 섞는다.
3 180도로 달군 기름 솥에 튀김 옷을 머금은 버섯을 넣고 진한 갈색이 돌 때까지 튀긴다.
4 준비한 그릇에 버섯 튀김을 쌓은 뒤, 소금과 후추, 파슬리 가루를 뿌려 완성한다.

Pairing

뷜 통 보디 NV Bulle Ton Body NV, 마흔 블랑슈 Des Marnes Blanches

<뷜 통 보디>는 쥐라 지역의 펫낫으로 파삭하며 복슬복슬한 기포감을 지니고 있다. 마치 버섯의 식감과 유사하다. 버섯의 풍미가 쥐라 지역 특유의 미네랄 속에 녹으며 상큼한 과실 향이 기분 좋게 입안에 맴돈다.

#17

양송이 퓌레 마카로니

가을이 무르익은 만큼 계절의 향기 또한 절정이다. 중후한 정취가 한 송이 버섯에 가득 차 있다. 가을로 버무린 한 접시에 달콤한 감칠맛이 고소하게 풍긴다.

재료(1-2인분)
마카로니 100g
양송이버섯 200g
양파 100g
다진 마늘 1큰술
버터 1큰술
치킨 스톡 분말 5g
올리브유 적당량
소금, 후추 적당량
파르미지아노레지아노-치즈 20g
달걀노른자 1개

1. 양송이버섯 2-3개(토핑용)를 제외하고 모두 슬라이스한다.
2. 중불로 달군 냄비에 버터를 녹이고, 다진 마늘, 채 썬 양파와 양송이버섯을 넣고 충분히 볶는다.
3. 푸드 프로세서에 2의 내용물을 옮겨 담은 뒤 곱게 갈아 퓌레를 만든다.
4. 끓는 물에 소금 한 꼬집을 넣고 8-10분 동안 마카로니를 삶은 뒤, 채반에 받쳐 물기를 빼고 조리용 트레이에 옮겨 담아 올리브유를 뿌려 버무린다.
5. 중불로 달군 팬에 올리브유를 넉넉히 두르고 양송이 퓌레와 치킨 스톡을 넣고 마카로니와 골고루 섞는다.
6. 팬을 약불로 낮춘 뒤, 파르미지아노레지아노치즈를 곱게 갈아 달걀노른자와 함께 넣고 섞는다.
7. 파스타 접시에 6을 옮겨 담고, 파르미지아노레지아노치즈 가루를 뿌린 뒤 채 썬 양송이버섯을 올려 완성한다.

Pairing

아라고니트 2016 Aragonite 2016, 비뉴 뒤 맨 Vinges du Maynes

양송이버섯이 가득 담긴 마카로니 요리에 역시 버섯의 풍미를 지닌 〈아라고니트〉라면 더할 나위 없이 완벽한 마리아주가 된다. 특유의 미네랄과 과실 향은 입안에 잔존하며 긴 여운을 남길 것이다.

#18

콩테치즈 소스 돼지안심 구이

앙상한 나뭇가지 사이로 스산한 공기가 축축하게 내려앉은 휴일, 나는 프랑스 동부의 소도시 폴리니 중심가의 카페테라스에 앉아 있었다. 별생각 없이 오늘의 메뉴를 주문했고, 금세 식사가 나왔다. 눅진한 크림을 끼얹은 돼지고기 안심 요리였는데, 소스를 듬뿍 머금은 고기를 한 조각 썰어 입안에 넣는 순간 눈이 번쩍 뜨였다. 그것은 바로 쥐라Jura의 명성을 세계적으로 드높인 뱅존Vin Jeune 와인에 프랑스인이 가장 사랑하는 치즈인 콩테를 녹여 만든 요리였다.
쥐라 지역에서는 풍부한 아로마와 높은 당도의 뱅존 와인에 평균 1년 이상 숙성시킨 콩테 치즈를 녹여 눅진한 소스를 만든다. 단순한 조합의 손쉬운 조리법이지만, 원산지 통제A.O.C를 통해 지역 식문화를 존중하는 태도와 주변의 재료를 일상적으로 소비하는 자연스러움에 감탄사를 연발했던 기억이다.

재료(1-2인분)
돼지고기 안심 200g
청주 1큰술
다진 마늘 1큰술
소금, 후추 약간씩
로즈메리 한 줌
버터 적당량

콩테치즈 소스
버터 20g
양파 100g
다진 마늘 1큰술
뱅존 와인 80ml
(화이트 와인으로 대체 가능)
콩테치즈 150g
시판 생크림 200ml

1. 돼지고기 안심은 청주와 다진 마늘, 소금과 후추, 로즈메리로 마리네이드한 뒤, 냉장고에서 30분 이상 숙성한다.
2. 팬에 버터를 녹이고 강불에서 고기의 겉면을 바짝 굽는다.
3. 180도로 예열한 오븐에 고기를 넣고 15-20분 익힌다.
4. 2의 팬을 그대로 사용해 채 썬 양파와 다진 마늘을 넣고 강불에서 볶는다.
5. 4의 팬에 와인을 넣고 중불에서 2-3분 끓인 뒤, 팬의 내용물을 채반에 받쳐 건더기는 걸러내고 와인 소스만 남긴다.
6. 약불로 달군 소스팬에 생크림과 콩테치즈를 넣고 나무 주걱으로 저어가며 완전히 녹을 때까지 끓인다.
7. 6의 크림에 5의 와인 소스를 넣고 부드럽게 잘 섞는다(이때 로즈메리 잎을 넣고 함께 끓여도 좋다).
8. 그릇에 3의 고기를 올리고 콩테치즈 소스를 뿌린 후 허브로 장식한다.

Pairing

트후쏘 2018 Trousseau 2018, 기욤 오베흐누아 Guillaume Overnoy
촘촘한 조직의 부드러운 돼지안심 구이에 콩테치즈를 곁들인 요리라면 쥐라의 레드 와인이 떠오를 수밖에 없다. 그 중에서도 묵직한 집중도와 탄탄한 구조감을 선사하는 <트후쏘>가 바로 그것이다. 타닌감과 산미가 완벽한 조화를 이루는 훌륭한 페어링이 될 것이다.

#19

단감 하몽 부라타치즈 샐러드

간밤 뽀얗게 내려앉은 서리에 풀벌레들은 땅속 깊은 곳을 향해 숨어들고, 나는 한낮의 태양빛을 좇아 일부러 맨살을 드리운다. 여전히 푸른잎을 치켜세우곤 있지만 파리하게 꽃대를 떨군 옥상 정원의 허브 군락을 마주할 때마다 마음을 졸인다. 약동하는 세계가 곧 소강상태에 접어들 것을 알고 있기 때문이다.

가을의 끝자락, 겨울의 문턱. 담장을 경계로 감나무에 주렁주렁 매달린 주황빛 열매를 스칠 때마다 시각적인 위안을 얻는다. 감을 식탁으로 옮겨와 미각 또한 달래 본다.

농익은 허브 잎사귀와 진득한 꿀, 기름진 하몽과 치즈가 은은한 단맛과 미끈한 진액으로 휘감긴 단감과 뒤섞인다. 겨울이 오기 전 온몸에 크림을 듬뿍 펴 바르듯 따스한 달콤함으로 살을 찌운다.

재료(한 접시 분량)
단감 2개
하몽 30g
부라타치즈 100g
올리브유 적당량
꿀 적당량
소금, 후추 적당량
좋아하는 허브 적당량

1 단감은 껍질과 씨를 제거한 뒤 1cm 미만의 두께로 횡단면으로 자른다.
2 접시에 부라타치즈와 단감을 올리고, 올리브유와 꿀, 후추와 소금을 적당량 뿌린다.
3 허브 장식으로 마무리한다.

Pairing

샴페인 NV Champagne NV, **엘레마흐 호비옹** Elemart Robion
단단한 단감과 부드러운 치즈, 짭조름한 하몽이 만나 입속에 긴 여운을 남긴다. 이럴 땐 무게감 있는 와인으로 입안을 정리해주는 것이 좋다. 호비옹의 〈샴페인〉은 충분히 익은 포도를 숙성시켜 과실의 풍성함과 청량한 드라이함을 표현하고 있다. 한 잔이면 온몸에 상쾌함이 퍼질 것이다.

INDEX

내추럴 와인 분류별 색인

화이트 와인

오렌지/로제 와인

레드 와인

펫낫/샴페인/스파클링 와인

내추럴 맥주

Vin de France
Il va, ça va
Je vais, je sais
Vin de France
Produce of France
The Artist formerly
known as Peach

Natural Pairing

내추럴 페어링

초판 1쇄 인쇄 2021년 12월 27일
초판 1쇄 발행 2022년 1월 17일
초판 2쇄 발행 2022년 7월 4일

지은이 장보현, 김진호
감수 김은성
펴낸이 정주안

기획 유인경
편집 이정은
디자인 도미솔
영업·마케팅 김은석, 임한호, 김정훈, 안보람, 양아람
경영지원 곽차영, 정지원

펴낸곳 ㈜좋은생각사람들
주소 서울시 마포구 월드컵북로22 영준빌딩2층
이메일 jelee@positive.co.kr
출판등록 2004년 8월 4일 제2004-000184호

ISBN 979-11-87033-76-9 (13590)